人生恍如初见

禾人随笔

任和 著

内容提要

本书是一位飞机设计师撰写的随笔文集。作者是航空界的知名学者，他多才多艺，热爱文学艺术，喜好历史文化，常年笔耕不辍。他曾游历过许多国家，从事过许多工作，阅历非常丰富。本书汇集了他的小说、散文、游记、杂文等。题材广泛，内容丰富，故事生动细腻，文笔优美流畅，思考深邃，情感真挚，可读性强。展示了他的思想内涵和文字功底。

本书讲述了许多非常有趣、鲜为人知的故事；记录了作者游读世界的所见所闻、所思所想；抒发了一个求索者的情怀。从他的字里行间，可以看到一位海外赤子浓浓的爱国之心。

图书在版编目（CIP）数据

人生恍如初见：禾人随笔 / 任和著 .—上海：上海交通大学出版社，2023.5（2024.10重印）

ISBN 978-7-313-28508-9

Ⅰ. ①人… Ⅱ. ①任… Ⅲ. ①任和 –传记 Ⅳ. ①K826.16

中国国家版本馆CIP数据核字（2023）第057568号

人生恍如初见——禾人随笔

RENSHENG HUANGRU CHUJIAN — HEREN SUIBI

著　　者：任　和

出版发行：上海交通大学出版社　　地　　址：上海市番禺路951号

邮政编码：200030　　电　　话：021-64071208

印　　制：上海景条印刷有限公司　　经　　销：全国新华书店

开　　本：880mm × 1230mm　1/32　　印　　张：9.5

字　　数：203千字

版　　次：2023年5月第1版　　印　　次：2024年10月第3次印刷

书　　号：ISBN 978-7-313-28508-9

定　　价：58.00元

作者简介

任和，国家引进高层次海外人才，大学教授，研究员级高级工程师。现任中国商飞技术专家，营销中心科技委副主任，中国工业设计协会特邀副会长。是第十八届光华龙腾“中国设计贡献奖”银质奖章获得者。

曾任西安飞机设计研究所（603所）某研究室副主任；澳洲皇家墨尔本理工大学教授/博士生导师；中国商飞客服中心副总工程师、工业设计所所长（国家民机工业设计中心）、首席信息官、科学技术委员会常务副主任；曾兼任上海交通大学、西北工业大学、厦门大学、太原理工大学、莫斯科航空大学和上海应用技术大学等八所大学的兼职教授、博士生导师。

他共发表九部科学技术专著，约一百篇学术论文，有五项省部级以上科技成果奖，三十项国家专利。三次获得德国“红点”设计奖，两次中国创新设计“红星”奖，三次上海“白玉兰”工业设计奖，“中国好设计”奖等。2018年在世界工业设计大会上当选“世界杰出设计师”；曾获上海市闵行区领军人才、上海市浦江人才、“德稻航空实践大师”等称号。

曾获聘“印度国家最佳设计奖”评审委员会委员，“上海设计100+”评委，中国“金投赏”商业创意奖（产品组）评奖委员会主席，“海峡两岸创客中心”导师，“国家标准化”委员会“工业设计”专委会副秘书长等。

任和是一位科技工作者。他学识渊博，涉猎广泛，热爱文学艺术，喜好历史地理。做过演员和编导，制作过纪录片，也发表过诗歌、散文和小说。本书为他多年的随笔文集。

序言

本书作者邀我为本书作序，我欣然允诺。因为他是我多年的好友，他学工，我学理，我们都热爱文学。八年前，他始任中国商飞工业设计所（后成为国家级工业设计中心）所长，我是中国工业设计协会会长兼任中国商飞工业设计顾问。我们都做工业设计，在工作中有许多交集，逐渐成为忘年交。

我曾在沈阳航空发动机厂工作十年，深知航空工业设计工作之难。本书作者是一名飞机设计师，尽管他份内工作很忙，但他能利用业余时间把生活的点滴感悟记录下来，笔耕不辍，很是难得。他从小生活艰苦，自幼努力学习，曾在海外生活和工作过十几年的时间，游历过许多国家，也从事过多种工作，参与过国内外许多重大项目，出版过许多学术专著。他曾获得过中国工业设计协会“十佳杰出设计师”“上海市浦江人才”“领军人才”“德稻航空实践大师”等称号。他热爱文学艺术，热爱历史文化，注重个人修养，能以科学武装头脑，以人文养护心灵。

工业设计是科技与艺术融合为主的集成创新。作者对人文艺术的爱好帮助他很好地完成飞机工业设计，这是他的本职工作。本书是他工作之外的作品，收录了他在业余时间撰写的文章。题材广泛，内容丰富，形式多样。他把抒情散文、旅游杂记、小说故事、思政论文融为一体，看得出他有良好的文字功底和逻辑思维能力。

任和是一名海归学者。他受到过东西方文化的双向浸润，能以更多视角看世界。本书讲述了许多他自己的生活故事，研究了一些人文历史，抒发了一个文学爱好者的情怀。故此，推荐大家一读。

朱焘

2022.6.6

作者系中国工业设计协会原会长，

北京杂文学会原副会长，全国政协第十届委员

目录

第一篇　往事杂忆

第二篇 散谈漫议

第三篇 游读世界

第四篇 友人故事

第五篇　小说趣事

第一篇

往事杂忆

1 一个有狼和野人的童年

照川，是我出生的地方，有我苦难的童年记忆（60年代）。

那是一个群山环绕，人烟稀少，运输靠脚夫，照明靠松油的偏远小镇。没有公路，不通电，距县城120公里，是一个完全与现代社会隔离的世界。茂密的原始大森林连接着神农架，交通极为不便。在去往照川的山口隘崖上，矗立着一个巨大山石，酷似人形，这座山由此得名野人山。父亲是在1952年响应党的号召支援边疆支援山区时，从西安步行几百公里来到这里工作的。和他同去的还有许多从北京、上海来的大学生。我就在照川出生，那里有我十二年的童年时光。

记忆中的照川只有一条街道，夹在望不尽的大山之间。从上到下散落着约百户人家。街边有一条小河，水清而急，河床上布满白花花的鹅卵石。河边偶尔也有几小块秧田，在阳光下，像一面面镜子，亮铮铮的。自我记事起，这条街就是我的全部世界。

我就读的照川小学在村东头的一个山坡上，离我家约一公里远。山区形成的独特气候，让人沉浸在迷幻的氛围之中。冬天，

从十月下旬开始下雪，一直可以持续到第二年的三四月，山野大地，惟余莽莽。村周围的山坡被冰雪覆盖，森林里的动物缺少食物，经常进村袭击居民。生产队的牛被老虎吃掉了，街上大白天也有狼在游荡，许多家都有孩子被狼咬死咬伤的经历。我的父母非常担心我们的安全，一到天黑绝不让我们出门。时常教我们识别狗和狼的知识。父亲讲："狼的尾巴是拖地的，而狗的尾巴则是卷起的。不论是狼还是狗，只要你见到了，一定要大喊，并赶快跑开躲进屋内。”每天上下学，我和小伙伴们相约一起走。每人手提一个小火盆，一为在教室取暖，二为路上防狼。当狼模样的动物出现时，我们就把火盆在空中抡圆画圈，盆中的火在风中呼呼冒着焰，狼不敢靠近。一次惊险的经历让我终生难忘。那天傍晚只有我和哥哥在家，姐姐们不知去了哪里。一只狼窜到我家后院的猪圈里。我和哥哥听到猪叫，趴在窗边往外看，只见那只狼咬着猪的耳朵，用尾巴拍打着猪的屁股，一路将猪赶往山上。猪痛得“哼哼”直叫，但还是跟着往前走，最后进了丛林。哥哥用菜刀把门别得紧紧的，一点也不敢出声，吓得直哆嗦。后来妈妈回来，直叹息那头我们养了半年的猪仔。因为那时候我们一年肉食供应就是自养的一头猪。过后，父亲给我们养了一条狗，取名为“黑子”。如果有狼来，它会狂吠起来，以引起人们的警觉。大家会结伙拿棍出门打狼。“文革”中一个民兵为了吃肉，用枪把我们家的“黑子”给打死了。为此，我伤心难过了好几天。

在照川，母亲“文革”中经历了磨难。她是解放前的师范生，算个知识分子。她出生在湖北省的一个富裕家庭，上学时有专职学童陪读。可上大学时，正值武汉沦陷，全国处于抗战时期，她参加了国民党的“三民主义”青年团。日本投降后她来到陕西参加了“革命”工作。“文革”中一次外出支农劳动，由于田埂湿滑，她将随身携带的装有《毛选》的挎包放到地上，并坐在了上面。被人检举揭发，污蔑为“不尊重毛主席”，再加上她“三青团”的历史，被揪出来批斗，遭受了巨大的折磨。当时我还小，看到她脖子上挂着砖头，头上戴着纸糊的高帽子，被押着游街，我就以为她真是坏人。一次姐姐让我到关押她的牛棚给她送饭，她一把将久未见面的小儿子（我）搂到怀里，吓得我直哭，并恶狠狠地瞪着她，挣脱了跑开，母子相见不相亲。我真切地看到她为此伤心地痛哭。“文革”后她重获自由，可不久就病逝了。每每想起此事，愧疚难当，感叹人间的悲凉和沧桑！

在照川生活的另一威胁就是时常出没的“野人”。村里人一直传说，野人生了孩子，若是死了，它们就会到村里找。见到小孩就抓住双臂，咯咯地笑晕过去，然后就会把小孩当自己的孩子带回山里去养。左邻右舍常在一起交谈与野人遭遇的经历。他们说野人高高的个子，直立行走，乳房很大，屁股红红的，全身黑毛，牙很白。见到人类不回避，龇牙咧嘴，嘿嘿地笑。于是，村民给孩子们发明了一个保护器物。用很粗的竹筒，打通关节，锯成手臂长，让孩子们出门时戴在胳膊上。想象中当野人抓住孩子的胳膊时，乘野人兴奋狂笑时，抽手逃脱。我上小学就戴过这种竹筒。

后来很多年，我都上大学了（20世纪80年代），从报纸上看到中国科学院组织考察队，前往神农架考察“野人”。我兴奋地给他们打电话，讲述我童年和野人周旋的故事，他们竟没人相信。现在想想，当时村民见到的野人可能是一种大猩猩，看上去像人罢了。村民的知识和信息有限，把猩猩误以为野人而已。因为截至目前，世界上还没有发现真正的野人。

照川时代的小伙伴，有一个叫真真的女孩，是我的同桌，也是家里唯一的女孩。挑水做饭，照顾弟弟，非常能干。我们两家住得很近，经常在一起玩。冬天很冷，她用木炭生火取暖，叫我坐她旁边，把我的手放在她的两膝之间取暖，那种温馨一直留在我心间。记得一次天降大雪，地面积雪很厚。她家门口是个下坡，我把一个长板凳翻过来放在雪地上，我骑前头，她骑后头，我们从高处往下滑。速度太快滚到了沟里，摔折了她的胳膊。就医后打了石膏，很多天不能动。后来我们家搬去了漫川，听说她们家随后也搬去了商州，从此再无相见。三十多年后我曾有机会来到商州，托人找过她。有人说她更姓换名了，有人说她去了西安，还有人说她已经去世了，始终没能相见。

小时候我和哥哥最顽皮。夏天我们常到河里游泳，这是父亲严格禁止的行为。因为这里看似晴天，上游可能会下雨，下游河水迅速猛涨，游泳的孩子就会被洪水卷走。父亲总害怕这样的事在我们身上发生，每次见我们外出回来，总要在我们胳膊上划两道指痕，看看有没有下水。一次发现我们不老实，劈头盖脸就打，我和哥哥爬起来就跑。匆忙中，我没有穿鞋，哥哥将他的一只鞋分给我，我们一人一只，走到十几里外的大姐夫的父母家，三天后才回来。这次吓坏了父母。他们发动人漫山遍野地找，以为我们被狼吃掉了。从此，再也不打我们了。

这就是照川，我童年的记忆！

（写于2003.1　墨尔本）

2 少年古镇

漫川古镇，是我少年时代的全部世界。我随父亲工作调动迁居古镇，在这里度过三年懵懂而浪漫的初中时代。然而，再次回到古镇，却是离别三十年后的一天。魂牵梦绕，感慨万千。

漫川古镇又名漫川关，位于陕西省和湖北省的交界，距山阳县城60公里，距湖北郧西县上津镇7公里。地处金钱河与靳家河之汇合处。漫川关历史悠久，春秋战国时秦楚分界碑至今还在。经历风雨、朝代变迁，至清为里，民国为镇，北依崇山峻岭，南临金钱河。古时商贾云集，水路直通汉江长江，是秦楚两省之重镇，也是全国百名古镇之一。

40年前，从县城去往漫川的道路非常艰险。一条狭窄的泥沙路在万仞丛山之中攀援穿梭而过。1977年的深秋，一辆大卡车拉着我们全家，从照川经天桥、中村、银花、黄土凸、法官等地，翻越胡岭，一路颠簸9小时抵达漫川古镇。父亲在他工作的单位附近为我们租住了一套两室的民房，是解放前一个大户人家的院子，非常破旧。土改时分给了六户农民合住，我们租的是临

街的一套两居室。父母住在单位的宿舍，大姐、二姐已经参加工作去了外地，三姐下乡插队去了农村，家里剩下三个孩子。小姐姐住里间，我和哥哥住临街的外间。中间是厨房，侧面是个天井。二楼是放杂物的储藏间。厕所非常简易，在院子最后面的山脚下，是一个泥土粪坑。

那时的漫川古镇只有两条街道，细长狭窄，分上拐弯和下拐弯。街道用石条石块石子铺成，有花鸟鱼兽图案。两旁民宅，多以木板为墙，房屋小巧玲珑，上有一层阁楼，绘画山墙，翘龙角凤，明镜悬顶，古色古香。漫川一直延续着“男人下田，女人摆摊”的习俗。街道商铺颇多，日日有集。我家的阁楼上放着烧火做饭的柴禾，小时候总喜欢爬上去捉迷藏。一次不小心从二楼摔下来，受了很多擦伤，至今身上还留着伤疤。

院子中部住着一个鳏寡盲人，无儿无女，在村上是个五保户。但他擅长掐指摸相，是个远近闻名的算命先生。一次妈妈拉着他为我算命，他捏着我的小手说:“这孩子手软，面额宽，懒懒的。将来能走远，可以当县长。”妈妈听后很高兴，而我却因此得了一“懒骨头”的外号。

漫川街道一面靠山一面临河。后山是陡峭的青山，乱石耸立。街道紧挨着山脚蜿蜒而建。街道的上空犹如悬挂着一个个巨大的山石，总给人以压迫威胁之感。80年代曾因暴雨造成泥石流，滚落巨石将两户人家全部掩埋。这是古镇人民挥之不去的心理阴影，不知下一次灾难何时降临，也不知道谁家遭遇不幸。而对我心灵冲击最大的，不是后山的泥石流，而是古镇的一次大火（1978）。一天傍晚，古镇供销社燃起大火，淳朴的居民蜂拥救火，可突然发生爆炸，造成30多人死伤。我父亲的一个同事失去了一只胳膊，同学的父亲失去了一条腿。这场惨剧是因为供销社将爆炸物品和普通物品混放在仓库里，失火后造成爆炸。看着横摆在河边血肉模糊的尸体，心灵受到巨大的震撼。一个个活生生的身边熟人，刹那间阴阳两隔，简直让人不敢相信。

我入读的漫川小学坐落在原双戏楼和骡马帮会的院落里，是清末“废庙兴学”运动时建立的。这是一个有四五百年历史的建筑，雕梁画栋，飞檐走兽。尽管非常破旧，但依稀可以看出它当年的浮华。教室是在骡马帮会的大堂里，屋顶高耸，阴暗潮湿，空旷又不隔音。我的同桌是一个乡下女孩，水灵娟秀，长发齐腰。我经常欺负她，不时将她的发辫攥在手中把玩，惹得她非常

生气。30多年过去了，儿时的情景历历在目，农村小姑娘的淳朴、宽厚、善良的形象依然清晰。

漫川古镇的外侧是金钱河，水清澈见底。平时总有很多妇女，一堆一堆地坐在河边洗衣服。小媳妇打情骂俏，小孩子嘻嘻游戏。袅袅炊烟，潺潺流水，一派世外桃源的景象。一到雨季河水猛涨，我就和小伙伴去河边抓鱼。用稻草卷一个碗口粗的绳子，放到河边浅水处，两头猛地一拉，就有很多小鱼上岸。

漫川古镇的下街是金钱河与靳家河汇合处。听说在我离开漫川古镇的第二年（1980），发了百年不遇的大洪水。半条街被洪水卷走，损失伤亡惨重。三十年后故地重游，已物是人非。原来古香古色的老房子不见了踪影，一座座现代小楼拔地而起。

现在国家大力恢复古文化遗址建设，漫川得到重生。高速公路，高铁都通到古镇。许多民房被统一征收，统一建设，老街道修旧如旧，重焕新生，又恢复了往日的繁华景象。

希望有朝一日能带我的儿孙们再回漫川古镇，实地给他们讲解我童年的故事。

（写于2005.4　墨尔本）

3 相亲相爱一家人

建国初期，国家全面向苏联学习。领袖相信人多力量大，柴多火焰高。政府号召妇女多生孩子，争做英雄母亲，为国家作贡献。我父母一辈子生了六个孩子，四女二男。我在家老小，一直享受着他们的额外照顾。一晃父母早已过世，我们大都

年逾花甲。回望秋草，展耕夕阳，回首家庭往事，感慨万千。人生就是一个过场，可悲的是每个人只知道来处，而不知去处。一代接着一代地延续着血脉。

闲暇时，将自己的人生轨迹留于笔端，供后辈人溯源，成为我的业余爱好。

我出生时体弱多病，快两岁了还不能走路。有时坐在地上，用两腿往后蹭，屁股前挪。父母哥姐很着急，就用迷信的做法，把我扶着往前走一步，用菜刀在地上割一下。用意就是割断我和土地的粘连，让我尽快站立起来行走。之后稍稍大一点，却发现我是一个左撇子。吃饭，写字，用剪刀都习惯于左手。父母反复纠正也改不过来。直到小学三年级，写字的习惯才改成了右手。而用剪刀的习惯直到大学毕业以后，才改过来。

记忆中，父母单位的住房只是他们个人的宿舍，很难安顿8口之家。他们不得不租用农舍，如柴房、偏厦、甚至豢养家畜的房子给子女居住，条件非常差。用报纸把顶棚和墙壁糊一下就算装修。下雨天家里常常漏雨。床上、地上湿作一团，不得不用盆盆罐罐接盛雨水。我们时常搬家，从阮家、陈家到王家，一个接一个不停地搬。有一段时间（1970年前后），父母曾下决心在照川上街口购买一幢农宅安家。议价800元（当时价），三开间，瓦房，门口有个场院。妈妈十分喜爱，带我去看过。后因父亲怕别人议论，说他建设资产阶级安乐窝，贪图享受，而没敢下手。当时我只有几岁，印象中800元应该是天文数字，爸爸妈妈是拿不出这么多钱的。因为有一次，我偷偷从妈妈的抽屉里拿了5角钱纸币，准备去供销社买糖果。半道上被一个大孩子用几个硬币换走了。妈妈知道后暴跳如雷，直接领着我去那孩子家要了回来。5角钱让她如此义愤填膺，想必自己一定是犯了大错。那时候她一个月的工资30多元，一家老小八口吃饭确实不容易。5角钱也一定是大钱，因为当时我们全家房租费每年才8元钱。

周末常常是我们家最忙碌的时候。去粮站买粮（玉米、麦子），到河里去淘洗，之后放在席子上晒干，然后再送到磨坊磨成粉。为此，父亲买了一对方形的竹编篓子，用红柿子和面粉做成糨糊，糊在里面，算作密封处理，形成一个不漏的盛器，用它装面粉。四周攀上绳子，可挑可抬。照川是山阳县最贫困、最边远的乡村。既没有高等级公路，又不通电。任何机械化的设备都与此地无缘。粮站不提供白面，只销售麦子和玉米。面粉需要自己磨制加工。能提供加工服务的是村上的一台水磨。家里人口多，缺乏粮食，父母总是把麦子磨得很深，麸子也磨成了面粉，变成粮食。烙饼时，外面用白面，里面是黑面，哄着孩子们充饥。而我常常剥了外面的白面皮吃了，把里面的黑面饼留给哥哥姐姐吃，惹得哥姐一脸的嗔怒。如果想吃面条，还得抬着面粉，到村上的人力压面房去压面，需要哥哥姐姐们一圈一圈地摇搅盘才能压出面条，非常辛苦。

那时候烧火做饭全用木柴。买柴，锯柴，劈柴是家里的繁重体力劳动。每到周末，全家开始干活，哥哥是主力，我也跟着拉锯。常常把柴火劈得很细，码在房檐下，一排一排的，看上去像一面墙。另一项重要工作就是洗衣服。周末，姐姐们带着全家人的衣服到河里洗，大件衣服放在石板上，用木棒捶打。我至今不知道这是什么原理。衣服沾上水，用木棍捶一捶就能干净。冬天很冷，河床上全是冰，姐姐的手冻裂了，回家就用凡士林抹一抹，红红的裂口还流着血，想想就很心酸。

大姐姐长我十几岁。在我有记忆时，她已经在外地（小河口）工作了。每年春节她回家过年，总给我们买回来新衣服、鞋、糖果等。后来她又带回来一个英俊潇洒的人民解放军军官，妈妈让我叫他姐夫。自从我有了当兵的哥哥，我在小伙伴中硬气了许多，谁也不敢欺负。我们家门口有一棵柿子树，每年秋天树上挂满了又大又甜的水罐柿子，像一个个小红灯笼，很惹眼。我和哥哥都是红绿色弱，辨别不清柿子的生熟。别人家的孩子一看就知道哪个柿子熟了，而我们却要一个一个用手捏它们的软硬。一次大姐夫从新疆部队探亲回来，纵身抓住了树杈，引体向上轻松给我摘下了熟透的柿子，让我非常惊喜和崇拜。再后来，我有了外甥，自己升级做了舅舅。虽然成了长辈，可我最惦记的还是外甥的小三轮车。只要大姐看不见，我就从外甥手里抢过来，骑了就跑，惹得他大哭。因为我只比外甥大几岁，几乎是玩伴，与外甥抢玩具、抢吃的，是经常的事。

二姐是家里最苦的一个。从小带着弟弟、妹妹帮父母干活。吃苦在前，享受在后。14岁她去河里抬石头卖钱，一个大石头滚下来，砸在她的手上，鲜血直流，至今手臂上还有几寸长的疤。她15岁初中毕业，就辍学到200多里外的县城当了工人。每到暑假，我们最向往的就是能够到县城去看望她。她给我们做好吃的，带我们去洗澡，带我们到城里参加文娱活动。给我特别深刻印象的是一次偶遇剧院舞台失火，观众蜂拥而出，几乎要挤出人命。姐姐拉着我的手，拼命地在人群中往外冲，那惊险场面至今让人不寒而栗。还记得我都已经八九岁了，姐姐还把我脱光了，站在她的洗脸盆里洗澡。晚上还挤在她的单身宿舍的床上和她同眠。我上高中时，全家人还在漫川，唯有姐姐在县城。她经常周末来学校，帮我洗衣，给我生活费，为我织毛衣。还给我买过一件呢子上衣：黑色，四个兜，黄铜扣。穿上去像五四青年，非常神气。与同学们的着装相比，有鹤立鸡群之感。足可见姐姐对我的真情关爱。

三姐是我们家最听话、最安静的一个。总是默默地做事，很少调皮捣蛋。高中毕业就上山下乡，去漫川插队落户，在农村一干就是三年。1977年我随母亲工作调动也转到漫川上学。一次妈妈让我去给她送菜，我步行走了约20里，来到她的生产队，而她却不在家。原计划在她处吃完午饭再回家的，一下子落空了。我把饭盒放在她的门缝里，转身往回走。天气炎热，又渴又饿。不得已，我趴在地上喝了泥窝里的脏水，吃了别人扔的半截萝卜，才艰难地走回家。一个十岁的孩子独自在山里行走几十里地，体验极度饥渴的可怕，印象非常深刻。上高中时，三姐和三姐夫还在谈恋爱。可三姐夫义无反顾把我安排在他的教师宿舍，和他同吃同住，照顾我好几年。周末他用煤油炉给我做饭，给我买学习资料，监督我学习进步。他为人处世的方式，渐渐地影响着我，对我人生观的形成起了重要的作用。感谢、感恩我有这样一个好姐夫。后来我出国来到了澳大利亚，二女儿出生没有人照顾，三姐姐义无反顾地来墨尔本帮助我。2011年我回到上海工作，她又提前退休，来到上海帮助我，一待就是八年。可见姐弟情深，真有长姐为母的感觉。

哥哥是我从小的玩伴。游戏中产生了矛盾，父母有一个理论，即“有理无理，先打大的”。为此我惹哥哥挨了不少父母的打。他是家里的长子，尽管父母有重男轻女的思想，但始终秉持一个理念：男孩要苦养。他从小得到许多历练：上山砍柴，打猪草，锯柴，劈柴，担水等多半都是他的活，没少出劳力。我们一起制作三轮车，制作模型飞机，制作土枪等玩具，也干过许多惊险的事。一次验枪打靶时，枪管炸飞了，枪托还在他手里，差一点搞出人命。1977年恢复高考，哥哥夜以继日地复习备考，看着他和同学研究数学题的样子，我也暗下决心，一定要努力学习，向哥哥看齐。他肯钻研，能吃苦，在恢复高考的第一年，一鸣惊人，考上了大学。虽然学校不是太好，但在当时录取率极低的情况下，实属不易。全家人为他骄傲。他给我树立了榜样，激励我发奋向上。后来他在工作中，严谨认真，成了一代名师。他是陕西省第一个教授级高级教师，还被评为特级教师，西安市还以他个人的名字设立名师工作室，并由他主持！他教的学生批量进入清华北大，多次获得国际奥林匹克数学大赛金奖。我为哥哥的成就骄傲。

小姐姐长我几岁。我们一起成长时间最长，几乎是同伴长大。大约1974～1976年间，父亲调往漫川，母亲下放东河教书，家里只有哥哥、小姐姐和我，三个孩子自己在家生活，没有大人照顾。姐姐小小年纪像个大人（13岁），给我们洗衣、做饭。我和哥哥常常抱怨她做的饭不好吃，我们另起炉灶，三个人做三锅饭，各吃各的。妈妈知道后，非常生气。我上高中后，小姐姐参加了工作。当得知我应付高考需要一篇发表在《中国青年》杂志上的文章时，她找遍了县城的书报摊，买到后马上给我送到学校。高考前，她用自己攒了一年的钱125元，给我买了一块上海牌手表，让我考试掌握时间。当时她的工资才30多元一个月。可见姐姐的大方和用心。这块手表我用了近十年时间，是我人生第一块手表。后来，我们相继离开了家，唯有小姐姐始终守护在父亲身边，殷勤周到地照顾着父亲。每每有家人回到山阳，她总是忙前忙后，为大家做饭招待。憨厚、忠诚、勤劳、热情地对待每一位家人。真心感谢她替我在父母面前尽忠尽孝，用心地维护着山阳这条根。父母坟茔就矗立在小姐姐家后的山岗上，一直接受着姐姐的时令问候和慰藉。

回首往事，非常感谢父母给了我这么多、这么好的哥哥姐姐。他们的无私、友爱、坚忍、辛劳铸造了我们这个幸福的大家庭。他们给予我太多的爱，让我感恩备至，永世难忘。我的大家庭像一棵大树，深深扎根于爱的土壤，在父辈祖辈的沃土中汲取营养，不屈不挠地向上生长，向下伸根。

（写于2021.1，上海）

4　阎良的青葱岁月

2011年11月13号，是中国第一飞机设计研究院（一飞院）成立50周年的日子，我有幸应邀参加她的庆典。这是一个令人激动，让人感慨的日子。因为，这曾是我工作的第一个单位，人生最美好的十年青春在那里度过，有我难忘的记忆。

一飞院的前身叫西安飞机设计研究所（中航工业第603研究所），是国家研制大型运输机和轰炸机的基地。地处西安市阎良

区，距西安市中心65公里。我是80年代中期大学毕业分配来到这里，从事国家某重点型号飞机的研制工作。

那时的条件非常艰苦，从阎良去一次西安非常困难，乘大巴要走3个多小时。班次也很少，公路狭窄颠簸。经常和当地农民一起挤在满是鸡鸭的车上，尘土飞扬，臭气熏天。入职时我和十几个新生挤住在一个大教室里，比上大学时的学生宿舍还要差。头顶上的日光灯不能关闭，24小时亮着，让人无法入睡。结婚后单位也没有住房，我们不得不租住在附近农民的家里。阎良是黄土高原，严重缺水。当地的井水矿物质严重超标，不能饮用。从外引来的水量不能满足需求，我们每天只能定时供水几小时。家家户户不得不储备一个大缸，来水时灌满，以供断水时使用。

我大女儿在阎良出生时租住在一间平房里。外面是搭建的窝棚临房，作厨房。没有煤气，没有暖气。里间生一个蜂窝煤炉子取暖。外间建一个块煤炉子做饭，窗户外架一个烟囱，炉子下面装一个鼓风机。做饭时先用木材点燃，上面加煤，用鼓风机吹，火苗便呼呼地往上冒，但满屋都是灰。取暖的炉子有一根长长的烟囱伸到窗外。女儿的尿布就挂在这个烟囱上烘干，家里满屋都是尿臊味。

我的邻居恰巧是现今鼎鼎大名的辉院士，某大型飞机总设计师。年轻时的辉院士潇洒帅气，夫人也是所里最漂亮的美女大学生。辉院士是南方人，为人温和谦逊，和他相处总能感受到他的真诚。我们居住的平房非常简陋，房顶的天花板是用芋席编织而成的。下面用报纸糊着，很小声说话，对方都能听见，根本就不隔音。两家没有任何秘密可言。晚上房顶的老鼠，就像开运动会一般，从我家窜到他家，嗵嗵作响，吵得人难以入睡。辉院士的儿子和我的女儿同年先后出生。两个小家伙，你哭罢了我来唱，此起彼伏，使得两家大人无法入睡。白天我和辉院士各自用一根长腰带拎着他们，像遛狗一样在院子里来回走，让他们学走路。

周末我和辉院士常骑一辆三轮车去煤场买煤拉煤。运回来以后，堆放在院子里，我们用大锤砸碎后再入池待用。我家做饭的炉子总也搞不好，要么是生不着火，要么是火苗被烟囱吸走效率不高。而辉院士心灵手巧，对砌炉膛很有经验。他擢泥巴时往里面加了头发和稻草，用燃烧理论做回火湾，效果非常好。

90年代初，我和辉院士先后被提拔为中层干部，工作中接触的机会也非常多，常在一起开会，一起出差，一起游玩，一起打牌娱乐。辉院士为人做事不走极端，对人宽容、亲善，很少疾

言厉色。辉院士念及旧情，待人真诚，我视他为兄长。2004年，我回国探亲，重返603所看望老朋友。当时他正在开办公会，却忙出来招待。2005年他来悉尼出差，专程赶到墨尔本来看我。2007年我去南京出差，他和夫人专程赶到南京和我见面，令我无比感动。

辉院士是幸运的，他一直坚守在自己的领域，持之以恒，做出了杰出成就。他担任过我国多架飞机的总设计师。歼轰七、运七-200A、MPC75、空警、AE100、ARJ21、C919等飞机，他都是主要技术负责人之一。为我国的民机事业，奔走呼号，呕心沥血，作出了巨大贡献。他是中国民用飞机事业的开创者和奠基人之一，将在中国飞机史上书写他应有的历史地位。

然而，就是在这样艰苦的环境，603所却承担着许多国家大型重点工程。那里的员工甘于寂寞，充满激情，无私奉献，为我国的国防事业和民机发展作出了巨大贡献。

一晃我离开阎良快30年了，然而603所的人和事却让我魂牵梦绕。往事历历在目，难以忘怀。现在的603所有崭新的科研大楼，有绿树如茵的科研新区，全新的家属楼，还有宽敞明亮的体育馆。沧海桑田，今昔巨变，我为过去的家园（603所）骄傲！

（写于2012.2，上海）

5 新城堡的日子

新城堡又名纽卡斯尔（Ncwcastle）是澳洲新南威尔士州的第二大城市，距悉尼两百公里，约有100万人口。我在那里居住过几年，是我在澳大利亚的第二故乡。

来新城堡是一个非常偶然的机会。十几年前，我在澳洲为期一年的博士后研究结束以后，准备启程回国。突然接到老板的邀

请，他希望我去纽卡斯尔的基地继续我的课题研究。

盛情之下我无法拒绝。迅速打包行李，乘坐澳洲特有的长途大巴，来到悉尼，又转道纽卡斯尔（新城堡），行程1 300公里。新城堡大学的系主任罗伯特（Robert）教授，亲自开车接我到预订的旅馆。新城堡大学坐落在一个山岗上。学校没有围墙，教学和实验楼散落在一大片森林里，出奇的静。我的办公室就在一个山间小溪旁。从酒店到办公室，需要行走一段很长的林间小路。常常有野生袋鼠、果子狸、松鼠等动物和你不期而遇。还有各种不知名的鸟，或欢快或悲凉地叫着。傍晚下班回家时，有些阴森可怕。办公室的窗外有一股溪流，汇成一汪清泉。鸳鸯和野鸭在里面嬉戏调情，一派祥和。

两周后我从酒店搬出来，和一群留学生合租在一个山岗的独栋小别墅里。这里几乎没有公共交通。我不得不买一辆汽车作

为交通工具。我看中的是一辆多功能旅行车，后排座椅放平是一张床，可以休息睡觉。遗憾的是新南威尔士州的交通法规和维多利亚州的不一样，上路的第一天就出了交通事故。我埋怨对方出错，而对方责怪我违法。警察前来断案，错在我方。我一脸无辜，非常不解。原来联邦制国家各州相对独立，交通法规也不同。自己驾车的老习惯已经不适应新的地方。

新城堡是猎人谷地区的首府城市，这里盛产煤炭，有全世界最大的煤矿和煤炭出口港。站在办公室的大窗前极目远眺，鳞次栉比的高楼隐现在一片翠绿的森林之中。一条大河（猎人河 Hunter River）蜿蜒盘绕在山脚下，徐缓地汇入大海。夕阳在水面上洒满了珍珠，晶莹剔透，波光粼粼。一个长长的半岛伸向大海，上面是个城堡，还有古炮台。这可能就是新城堡之名的来历吧。澳洲很多地方的名字，都是拷贝英国先人取的名字，因为大

英帝国也有一个小镇叫纽卡斯尔（新城堡）。

半岛外面是一个海湾，叫尼尔森湾（Nelson Bay）。那里是海豚的聚集栖息区。出海航行，总有许多海豚伴您同行，它们在船头跳跃，为您表演，为您导航护行，非常壮观。您可以伸手抚摸它们，它们友好而温顺，一点也不害羞。

新城堡的周边有许多旅游景点如悉尼、布里斯班、黄金海岸、蓝山等，都是世界知名的旅游胜地。从新城堡到悉尼有两条平行的高速公路，每条8车道。一条沿海边走，是观景大道；另一条是笔直的高速路。两个城市还有铁道连接，许多人住在新城堡，却在悉尼上班，每天来回跑。2000年悉尼奥运会，中国体操代表团提前一个月来到新城堡集训。就是那时我认识结交了李小双、李小鹏这些体操名将和他们的教练们。

在新城堡的工作是非常愉快的。我的工作是啃一些硬骨头：为公司搞软件“反设计”，包括阅读代码、分析建模方法、重构

软件结构。周末为排除寂寞，我找到一个办法，就是到餐馆打工，在一个工人俱乐部的自助餐店做帮厨。俱乐部有赌场、餐厅、文艺表演厅等，24小时营业，我的岗位是洗碗。每天有3 000人吃饭，平均要洗6 000 ~ 10 000个盘子，劳动强度非常大。虽然是机械化，但我需要将一箱一箱的盘子放到传送带上，安放妥当。一天下来汗流浃背、腰酸背痛。后来我的岗位转为帮厨切菜。再后来，我升为二厨，上油锅炸薯条。慢慢地，我喜欢上了这个周末的工作。人常说，留学生没有打过工的不算留学，这一点不假。打工可以真正体验人生的不易。

由于工作的变动，我依依不舍地离开了新城堡，此后再也没回去过。往事如烟，时光匆匆离去，对故地友人的思念，时时萦绕于心，给我留下难忘的记忆。

（写于2002.1，墨尔本）

6 难说再见的墨尔本

墨尔本，一个我生活和工作了12年的城市，就要说再见了，心里一阵阵酸楚！

遥想当年（1997），我独自一人，拎着行囊，带着新奇和恐惧，漂洋过海来到这座美丽的城市求学（高访/博士后），心里犹如五味杂陈，浮想联翩，久久难以平静。

记得当时一下飞机，我的洋人同事就把我接到旅馆住下。我急忙跑到街上给家人打电话报平安。公共电话机塞了10澳元硬币，仅说了两分钟，电话就断了。因为当时中国的电话还不普及，打往中国非常贵，要5.5澳元每分钟。而现在3分钱每分钟，甚至网络视频电话免费打，科技发展不可思议。住下后，我来到旅馆前台询问，房间要70澳元一天，吓了我一身冷汗。因为我的口袋里只有500美金，只够一周的房费，我还需要交通和吃饭啊。怎么办呢？我是国家公派生，急忙给中国驻墨尔本总领事馆打电话求助。文化教育参赞刘先生热情地告诉我，总领馆有个招待所，每天7元钱，专门接待国家公派留学生。我听后非常激动，总算找到了家。

三天后，我急忙搬到了卡狄根大街总领馆的招待所。管理员是个女孩，是首都师范大学的英文教师，也是公派留学生。她安排我住下，并向我介绍了周围的情况，给了我很大的帮助。从此，我们成为一生的好朋友。

我的工作单位是靠近海边的渔人湾，在美国波音（澳洲）公司的院子里面。我为澳大利亚国防部国防科技组织工作，研究某加油机的结构风险分析。他们付我生活补贴每月3 500澳元（当时汇率折合人民币约25 000元人民币）。当时对我来说，像天文数字一样。因为，我在国内的工资每月只有400多元人民币左右。一年总收入不到5 000元。按这样的水平计算，一年相当于我在中国50年的总和。感觉自己一下子是个“大富翁”了。

三周后我搬到南墨尔本区的一个住宅楼里，和一个越南老人住在一起。生活条件改善了许多。我买了一辆自行车，每天骑

40分钟到单位上班。可是，墨尔本的冬天，天天下雨，一阵一阵的。常常行进当中被淋个透湿。两个月后，我就从一个朋友那里买了一辆二手汽车。澳洲本地产的Holden，非常便宜（2 000澳元）。拿到手后，兴奋异常，毕竟这是我人生当中的第一辆车。当时我还没有澳洲驾照，很着急试车。第二天早上4点钟起床，乘马路上还没有多少行人时把车开到上班的单位，来回跑了三次才放心。维多利亚州考驾照规定，先笔试，三个月后才可以路试。我不得不再开三个月的黑车（我有中国驾照，只要有英文翻译件，原则上可以合法在澳开车半年）。好不容易熬到路试时，幸运地遇到一位中国籍女考官，她耐心地给我解释考试规则，缓解了我的紧张，终于拿到了驾照。

时间过得很快，一晃四个月过去了。对墨尔本也渐渐熟悉起来。这里不愧被联合国评为最适宜人类居住的城市。无论是气候、环境、交通、人文福利，还是社会治安、居民素质，都堪称世界第一。在这里，犹如置身于四季如春的花园之中。其美丽让您无法想象，处处都有惊艳、有惊喜。我感叹上帝竟然创造了这样美丽的环境，让我有机会来体验。渐渐地我深深地爱上了这座拥有400万人口的海滨城市。

一年半后，由于工作项目需要，我去了离墨尔本2 000公里的纽卡斯尔，不得不在那里生活工作两年。可我的心依然恋着墨尔本，向往她的娟秀和浮华，迷恋她的文化，习惯她的气候，想念这里热情友好的朋友们。

两年后，墨尔本的一所大学向我敞开了大门，邀请我回来任教。我终于如愿以偿，又回到墨尔本。在这里我建了家，买了自己的海滨别墅；有了孩子，有了许许多多的朋友；培养了许多爱好乐趣，学会了摄影，参加了剧组，学会了制作电视片；参加侨领社团，担任过村长、学联会主席等；购买了游艇，经常和朋友出海钓鱼捕鲨……在这里一住就是12年时间，这是我人生最美好的时光。

然而，中国要建造自己的大飞机了。国家要举全国之力、集全球之智发展自己的大飞机。一个航空人能够把自己半生的学识和工作经验奉献给自己的祖国，才不负祖国和亲人对自己的养育之恩。这是千载难逢的机会，我必须响应国家号召，回到祖国的发展洪流中去，贡献自己的力量。

启程回国的日子是艰难的。需要说服妻子和孩子，需要处理自己的房子、车、家具、游艇等诸多具体事务。和自己已经熟悉和热爱的一切告别，是一件很不容易的事情，情感深处的痛难以想象。

墨尔本，想说再见，真不容易！

（写于2010.8，墨尔本）

7　母校山阳中学95周年校庆

欣闻母校山阳中学95周年校庆，我禁不住想起高中时代的往事。写出来和校友们分享，共同见证母校走过的历程。

我的初中时代是在漫川中学度过的。来到山阳中学上高中，已是“文革”后恢复高考的第三年。全国处在“拨乱反正”“百废待兴”的时代。县重点中学的学生需要从各区选拔而来，只有优秀初中毕业生才能上县重点高中。那时中学教育还在变革，还没有全国统一教材，用的是陕西省自编教材。高中“三年制”和“两年制”并存，我上的是“三年制”。分在高一六班，李基山老师是我们的班主任兼数学老师。我们的英文课是高一上初一的教材。从ABC字母开始学。那时全国刚刚开始改革开放，县中学也从“文革”停办中恢复，老师和学生都充满激情。

一座单边教职工宿舍楼坐落在塬边。它的前面是学生食堂，只有厨房而没有饭厅。学生买完饭后，不得不蹲在地上吃。下雨了，大家无处躲藏，还得在雨中冒雨吃饭。学校只供应糊汤（玉米粥），没有菜。一到下课时间，学生们一个个争先恐后，跑到食堂窗口等着买饭。大家你推我挤，有的同学刚刚打出来的饭，

被挤倒到别的同学脖子里，烫伤好大一片。许多同学离家很远，一学期才能回家一次。不得不用信封装一点盐，撒在糊汤饭里吃。没有绿叶菜，学生严重缺乏维生素，一个个牙龈红肿出血。由于当时粮食凭票供应，分粗细粮饭票。粗粮票只能买玉米制品，而细粮票才能购买面制品。由于细粮管制很严，学校难得有米饭或面食供应。记得有一次食堂供应馒头，一个同学一顿吃了六个（四两一个），不能消化，被送了医院。近40年过去了，想想此事，嘴角不由得泛起一阵苦笑。

那时学校的教室全是平房，沿山坡向上一排一排地横列着。教室前面有一个小操场。中间被一条行人小路分割。两旁是参天的大槐树。每天早上6点钟起床，在这里一圈圈跑操。体育老师站中间吹哨子，各班排队形成一个大圆圈。早操后是半小时早读，之后就是早饭。8点钟到12点四堂课。午饭后下午1点到

5点又是四堂课。晚饭后，从7点到10点就是晚自习。一天满满的，几乎没有自由时间。我们的一切学习活动，都跟着高考的指挥棒旋转。高考的战鼓声从高一就开始隆隆作响。三天一大考，两天一小考。晚上关了灯，学生们也在昏黄的路灯下读书，查夜的校长赶都赶不走。然而，我们的高考录取率依然非常低，只有5%左右。高三年级约300人，每年能被大学本科录取的也只有十几个人。就这样我们学校还是全市第一名，全校的师生为之自豪。三十年后的一次机会，我重回母校参观，看到学校把每年的高考状元照片挂在教学楼的橱窗里，激励现在的学生，心里很不是滋味。

学校建在一个山坡上，由于没有一块平整场地，我们的体育课，时常在河沟进行。后来学校要建自己的操场，让我们高年级学生停课两周，在校园西侧山坡上，用镢头挖一个平地做操场。那场面和当年"农业学大寨"一模一样，人山人海，肩挑背驮，红旗招展。

学生宿舍极为简陋，一个班一个大房间。约三十个男生住在一起，睡大通铺，虱子、跳蚤、臭虫横生。宿舍的窗户许多没有玻璃，用纸糊着。冬天刮风下雪，窗户纸很快就烂了。学校也没有围墙，宿舍后面就是山坡，常有野生动物出没。公共厕所在很远的山脚下。有的男同学起夜上厕所怕冷，就站在床上从窗户往外尿，窗台上结着厚厚的尿冰。洗衣服，洗澡也非常困难，几个月不得一次机会。许多同学把衣服放在盆里，放水泡着，第二天便成了一盆冰疙瘩，三个月不能化。艰苦岁月的孩子，是多么可怜。由此练就了他们日后艰苦奋斗、内敛知足的性格。一个毕业后在商界非常成功的校友回到母校，见到当年他在读时亲手栽种的树苗，现已长成参天大树，坐在树下，伤感无限。母校给他留下了难忘的印记。

那时的老师非常敬业，视校如家，视学生如子女。一位班主任老师不仅从事语文教学而且十分关心学生生活。多次看到他给冻伤的学生洗脚，给生病的学生喂药喂饭。每每校友同学聚会，总要念叨这些可爱可敬的老师。他们的知识、敬业精神、人格魅力，一直激励着我们。最让我难忘的是一位王老师，他曾经带着我们几个学生搞航模：滑翔机、线操纵、遥控、自由飞等。他还带我们去了丹凤县参加全省航模和射击比赛，是他教会了我打枪射击，培养了我对飞机的兴趣，这后来也成为了我毕生的事业。

在母校95周年纪念的时刻，我写下对母校的点滴回忆，以志纪念。祝母校越办越好，桃李满天下。愿在校的学弟学妹们珍惜时光和现在的优越条件，发奋努力，报效国家。

（写于2008.1，墨尔本）

8 再回墨尔本

在墨尔本生活十多年，回到上海过夏天，感觉异常潮湿闷热。徐家汇的喧闹与嘈杂，加上酷热的天气，实在令人煎熬。空调彻夜开着，吱吱地响，每天清晨三四点钟醒来。失眠成为困扰我的第一大痛苦，不知是因为自己老了，还是环境变了。

于是回南半球澳大利亚探亲避暑，成为我唯一的选择。八月中旬是墨尔本的初春，乍暖还寒。从机舱往下看，一片片薄雾掩映在翠绿的草毯上，显得那样清凉，自己就像从火炉中逃生一般爽快。

显然我的人生重心已经发生了偏移，澳大利亚这个第二故乡，俨然成了我的第一家乡。飞机降落墨尔本，我感到如此亲切。我思念自己家的后花园；想念门前的沙滩和那一汪湛蓝清澈的海水；想念自己的狗狗露茜；想念墨尔本的生活点滴。友人老林来机场接我，途中玩笑地说，今天的接机权，是他在村里拍卖得来的。村民们都期盼着村长（我）重归故里。他热情地给我留下一部车，要我在澳大利亚度假期间使用。殷殷兄弟情，实在暖人心。回到自己的家，露茜（爱犬）一下子扑过来，依偎在怀

里，摇着小尾巴，好不亲热。

我的房子是交给友人照料的，几年的时间改变了太多东西。眼见后花园的小树长大了，桃树、枇杷也开花了，心里十分感慨，连花草树木都有了灵性。主人回来了，花草争相邀宠般艳着。

好长时间没有干农活了，手实在痒痒。回到家第二天，就拿起镢头和铁镐，砍树，除草，扫院子。把不必要的花草树木砍掉，把不必要的花盆送人。整整清除两卡车的杂物垃圾。几天下来，腰酸背痛，手茧老厚。人一下子从空中回到地上，实实在在地着地了。因为在中国，很容易找到帮工，自己很少干体力活。可回到澳洲，许多事都需要自己做，尽管劳累，但活得真实自然。

早晨带着爱犬露茜，走在海滨大道，望着波光粼粼的海面，还有远处若隐若现的点点白帆，心中无限感慨。多么熟悉，又多么陌生。墨尔本初春的空气透亮清澈，阳光照在身上暖洋洋的。街边的迎春花开了，给人无限联想。从盛夏到隆冬，从初秋到早春，人在地球的南北两极，冬夏两季之间快速变化，感受迥然不同。

自己无数次使用过的船闸码头，现今已翻新，增加了新的水道。海滩不远处礁石上的鲍鱼、青口、生蚝，依然那样繁多。自己的游艇卖掉后也被人开走了，留下空空的泊位。过去许许多多的故事仿佛还在眼前：钓鱼、捕鲨、海难……

原想回澳洲休假，安静地完成自己的写作。可是故人的重聚，繁多的应酬，让我的思绪难安。时时提笔，时时放下。禁不住想起李谷一那句歌词："青山在，人未老，明年春来再相邀。"

（写于2012.8，墨尔本）

9 与“北航—南航—西工大”的情缘

北航，南航，西工大，是中国三所最著名的航空院校。也是中国飞机设计师的摇篮。我有幸与这三所学校结缘，成就自己的职业生涯。

上高中时，我有幸参加了校航模队，对飞机有了浓厚的兴趣。从全省的航模比赛归来，才知道飞机的理论有多深，制造有

多难。从此，学习飞机制造成为我人生梦想。考大学时，十个志愿中，头三个全是航空院校飞机设计和制造专业。我的高考成绩比全省一本录取分数高出许多分，已经满足中国任何大学的分数线，可我选择了北航。

拿到北航《录取通知书》，我心情非常激动，无限憧憬。一个山里娃，将要来到首都北京，实现人生的许多第一次：第一次坐火车，第一次到首都北京，第一次进大学校园面对这么多优秀的学子，第一次真正在学业上感到竞争压力。第一次感到除了学习以外，还有更重要的社会活动，而我自己却像一只丑小鸭。到了大三，我对自己的专业已经完全没有了兴趣。一个偶然的机会，学校院系调整，我向学校再三要求，成功地改换了专业。四年的时间，自己经历了脱胎换骨一般的洗礼。入校时的趾高气扬没有了，代之而来的是灰暗晦涩的心境。自己梦想的专业也与现实相去甚远，对北航母校充满复杂的情感。

80年代初国家的大学数量少，规模小，招生也少，录取率很低（5%）。毕业大学生是时代的骄子，上学不交学费，学校还给发生活费。毕业后工作也由国家统一分配。

80年代中期，带着郁郁寡欢的心情来到西北边陲一个国防小镇—阎良飞机城，参与到国家某重点飞机型号的研制当中。人生的第一份工作总是兴奋的。因为从此将不再依赖父母家人，可以独立生活了。

那时的飞机城，条件非常艰苦。然而投入到国家重特大项目当中，并逐步担当重要角色，其精神力量巨大。总有一种莫名其妙的使命感，兴奋感！活在其中，苦在其中，乐在其中。对外

界发生的变化几乎浑然不觉。在那里，我生活工作了十年，拥有了家庭和孩子，建立了人际关系，几乎走遍了中国的大江南北。正当我踌躇满志之时，世界却在悄然发生着变化。90年代初期，以经济建设为中心，国家号召军转民。军工企业没有型号任务，资金严重不足，待遇跟不上来。人心浮动，下海成风。我当时决定趁年轻选择读书充电，以备后需。

历史大潮中，每个人都面临选择。任何决策都需要有勇气去面对。利用社会转型的阵痛期，选择良师，从事我喜爱的专业研究，扩展加深自己的知识，成为我当时的愿望。90年代初，我来到西北工业大学攻读博士学位。西工大成为我第二个母校。工作后二次脱产入校求学的三年日子，非常艰苦而清贫，但目标明确，精神很愉快。90年代中期，社会已进入了物欲横流的时代，我庆幸躲进了象牙塔，经受住了诱惑，忍住了寂寞，艰辛地跋涉了三年，出色地完成学业。西工大成为我又一个热爱并眷恋的母校。这里有我许多良师益友。几年前，母校西工大特聘我为客座教授，我欣然接受。真想以某种方式回报母校，为母校的发展贡献一点应有的力量。

我没有在南航读过书。和南航结缘，是来到皇家墨尔本理工大学工作以后。我负责国际合作，希望推动两校间的学生交换，后来是联合培养研究生，联合招收培养2+2本科生等等。南航聘我做访问教授，我就有了经常来南航的理由。自2006年起，我几乎每年都去。最长在那里讲学3个月。南航在三个航空院校当中，虽然是老三，但是发展非常快。南航人有灵活的头脑，有认

真的科研作风，开放的心态，给我的印象非常深刻。

现在中国要发展自己的大飞机。国家把发展大飞机项目列为2006年至2030年间16个重特大技术专项之一，列为振兴中华民族的富国强民的项目。我得知后非常振奋。因为我一直在航空领域工作，发展民用大飞机成为我的梦想。一个新技术、新型号出来，就像我的一个孩子出生一样兴奋。站在讲台上，滔滔不绝地给学生宣讲，它的性能和研制过程。偶尔看到一个新材料的出现，总想是否可以用到飞机上。听到哪次飞机失事，不自觉地开始事故分析和判断。我真希望自己也能投入到大飞机的研制当中，把自己半生的学识和经验贡献给自己的祖国，为我们民族自己的大飞机贡献一点自己的力量。正如温总理所讲，“让我们民族的大飞机翱翔蓝天。”

（写于2009.8，墨尔本）

10 制造中国人自己的大飞机

我出生在一个偏僻的小山村，小时候就非常羡慕空中的小鸟能够自由翱翔。14岁那年，我用木头削了两个机翼，在玩具电机上安上自制的螺旋桨，组装了一架飞机。可怎么折腾也飞不上蓝天，我心中充满疑惑。上高中时，我参加了学校航模队，制作过无线电遥控和线操纵两款飞机模型。经过多次飞行试验的

失败，我才知道航空知识有多深，飞机制造工艺有多难。从此，我把学习飞机设计与制造技术作为我的人生梦想。

20世纪80年代中期，从北京航空航天大学毕业后，我来到西北边陲阎良飞机城。那时的条件非常艰苦，十几个人挤住在一个大教室里，吃饭、洗衣、洗澡都是问题。然而，能参加国家重大项目，我非常兴奋，有一种特殊的使命感和责任感。

改革开放后，为了经济建设，中央号召“军转民”。20世纪90年代，军工企业没有新的型号任务，资金严重不足。飞机城也在执行“减员增效，下岗分流”的政策，科研人员只能拿70%的工资。一时间，人心浮动，纷纷下海经商。与德国联合设计3年之久的MPC75的支线客机项目也受到影响，最终因经费不足下马，我的实现中国人第一架现代喷气式客机的梦想，就这样破灭了。

众所周知，航空工业是现代制造业皇冠上的明珠，它代表着一个国家的经济实力和科技水平。目前只有美国波音公司和欧洲空客公司可以制造大型民用客机。大型民用客机既要求高端的设计与制造技术，又要求长寿命、高可靠性和经济性。飞机研制项目投入大、周期长、风险高，虽然一代又一代的航空人为此进行了不懈的努力，天空中仍然没有一架中国人自己的客机，我非常难过。

20世纪90年代中期，中国又开始大型民机（AE100）的第二次论证，凭着航空人的职业兴趣和历史责任感，当时我参与其中。然而，4年后，由于国家技术和经济的原因，项目再一次下马，我的大飞机梦想第二次破灭。

带着许多遗憾，我离开了阎良飞机城，走出国门，到澳大利亚从事航空科学的博士后研究。随后，我辗转了多个国家和城市，最后在墨尔本皇家理工大学航空机械汽车制造工程学院从事科研和教学工作，我向洋学生们讲述了中国的大飞机梦想。

2008年，我在网上看到，国家把发展大飞机项目列为2006年至2030年16个重大技术专项之一，列为振兴中华民族富国强民的项目，我感到非常激动和振奋。中国终于要制造自己的大飞机了！祖国民用航空工业的春天来到了！我的大飞机梦想就要实现了！看到"广纳天下英才，成就民机伟业"的口号，这是祖国的召唤，我欲罢不能。2010年10月，我毅然决定回国，把自己半生的学识和经验贡献出来，为中国人自己的大飞机做一点事情。

我立即辞掉墨尔本皇家理工大学的终身职位，卖掉房子，背起行囊，带着家人回到祖国，加盟中国商用飞机有限责任公司，参与大飞机的研制。两年来，我感受到祖国翻天覆地的变化：宽阔平坦的马路、鳞次栉比的高楼、美丽整洁的花园……都是过去20年无法比拟的。许多人开上了汽车，住上了宽大漂亮的房子，人们的收入大幅度提高。北京、上海等城市几乎赶上了发达国家的水平。我真切地感受到曾历经艰难困苦的祖国，已经踏上了伟大的民族复兴之路。

作为大飞机项目的参与者，我感到非常幸运和自豪。中国商飞有良好的设备和办公条件，有一大批具有国际视野的人才、一大批具有敬业精神的科研团队，还有充足的科研经费、宽松的科研环境。一切的一切，都是我十几年前不敢想象的。C919大型客机项目是采用“主制造商—供应商”的研发模式，制造独立知识产权的产品。“质量—适航—成本”是商飞人的三大意识，“全程—全员—全球”是商飞人的三大理念。部件全球采购，客户全球服务。项目参与者都是豪情满怀，忘我工作。在去年的一段时间里，大家几乎一周要工作6天，一天工作11个小时。

截至目前，C919大型客机已经收到大约800多份意向订单，这是多么了不起的成就！我庆幸我回来了。在历史的变革洪流当中，我没有旁观，没有掉队。我可以自豪地说，在不远的将来，“大飞机——我的中国梦”就要在我们的手中实现了，中国人自己的大飞机就要翱翔蓝天了！

（本文原发表于《中国教育报》头版2013–05–07，此文曾获中国教育部“中国梦”征文比赛一等奖第一名）

11 回国服务，你准备好了吗？

二年前，看到温家宝总理在2008年5月12日的《人民日报》上发表的署名文章《让中国的大飞机翱翔蓝天》，作为一名航空人，我心潮澎湃。

看到国家把研制大型飞机，作为建设创新型国家，提高我国自主创新能力和增强国家核心竞争力的重大战略举措，并且列为《国家中长期科学和技术发展规划纲要（2006～2020年）》确定的重大科技专项，我再也按捺不住内心的激动，打起行囊，举家回到我阔别十几年的祖国，回到我出国前曾经工作过10年的中国航空工业体系，希望自己作为一个分子，亲手把中国的大飞机送上蓝天，用自己的知识和经验，为自己民族的民用飞机事业贡献一份力量。

然而回国工作1年后，我感慨颇多。人在大事件面前容易激动，但遇到困难仍能坚持而不放弃信念和理想的却不多。当年出国留学，只身来到异国他乡，感受异国文化的冲击，体验异国生活的艰辛。十几年甚至二十几年后，又回到祖国工作和生活。一个自认为熟悉的环境，无论在物质文化生活，还是在思想观念、人际关系方面，都发生了翻天覆地的变化，难免又要面临第二次冲击和适应。现在我把自己的体会写出来，供已经回国或即将回国工作的学人们分享。

首先要调整心态，放低身段，削足适履，搞好关系。对于高层次海归来说，他们绝大多数在海外都有固定的工作、稳定安逸的生活。他们已经适应了国外的文化，以及做事方式。然而他们决定回国服务，主要是寻求一种事业上的成就感、文化生活上的归属感。他们大部分已人到中年，希望能在职业生涯上二次创业，重新定位。他们怀抱各种梦想，带着长期在国外生活的优越感，希望回到国内占领有利地形，利用国内快速发展的机遇和平台，施展自己的才华。然而，当他们实实在在回到国内工作生活以后，却出现了巨大的不适应，甚至出现了严重的水土不服现象。究其原因，主要是他们对中国过去20年在经济、文化、工作方式和人际关系等方面发生的巨大变化，认识不透，思想准备不足。他们还用20多年前的眼光和为人处世的方式来处理问题。总以为自己归国还有巨大的优势，可以享受许多特殊照顾，国人会用仰慕的眼光看待自己。当现实和自己的想象不同时，自己就有巨大的落差。早年出国发展的学者曾有三方面的优势（1990年前）。第一就是国内科研的经费和硬件条件远不如国外发达国家，因此，在国外工作的学者有优越感。第二，国外资讯发达，科研信息和资料文献很多，在国外工作的学者英文好，容易接触到较新的资料。第三，就是国外的学术政策宽松自由，学术气氛浓厚，科研态度严谨。

然而，由于近十几年的发展，国内无论是大学还是研究机构，其科研硬件条件赶上甚至远超过国外现有的条件。大量的科研任务，丰富的科研经费，灵活的政策，激励了一大批优秀的人才脱颖而出。由于互联网的广泛使用，使得讯息变得快捷和无国界，从根本上改变了科研和学术交流的方式，使得国内国外不再有太多的障碍或壁垒。再加上大量年轻人的成长，他们有良好的英文基础，在文献阅读上没有任何障碍。因此，国内的整体学术水平相较20年前有很大提高。人们对西方世界不再陌生，更不会盲目崇拜了。所以，我在这里奉劝已回国的或将回国的学者，一定要有充分的思想准备，分析清楚你回国工作的真正目的。要“调整心态，放低身段，削足适履，搞好关系”。在国人、同事面前，千万不要说“我在波音公司如何，我在哈佛大学如何，我在国外如何、如何……”。因为这不但不能给你带来尊重，反而会招来反感。这里是中国，不是波音公司或哈佛大学。

其次是谦虚认真，努力工作，争取作为。不论你是哪类海归，“千人计划”也好，“百人计划”也好，“长江学者”也好，还是特聘海外专家也好，只要你是长期回来工作，你的身份和以前大不一样了。以前你可能经常回国访问，也许有很多朋友和同行与你合作。那时，他们拿你当客人看待，而当你实实在在回来和他们一起工作了，你们的关系就发生微妙的甚至根本性的变化。这种变化，会让你不舒服，甚至感到障碍。有些同事，会不经意间用一些看似简单但实际上不易回答的问题考你，如果你答错，他们就会讥笑你。所以你必须认真答题，小心“陷阱”，避免尴尬，加强认同。因为海归们在海外从事的工作往往单一、简单、深入，他们已经适应了这样的工作模式。而国内朋友的工作往往庞杂、笼统，而且宽泛，尤其在工业部门。在申请科研项目上，不仅需要有一定的水平，还要有许多人脉关系。在工程项目当中更需要组织协调能力、客户公关能力、政府联络能力。而这些是许多海归所不具备的。

有些海归，怀抱着理想，准备回来大干一场。可是当他们落地以后，发现事情远不是那么回事，就产生灰心丧气的情绪，抱怨和不满由此而来。所以我劝大家，一定要有充分的思想准备，需要有耐心，努力工作，争取作为。只要你真正做出成绩，还是能够被认可的。

再次就是安好家庭，保重身体，积极正面，享受过程。海归回国服务，有的举家而回，有的单独回来。每个人都有自己的原因。有的配偶在国外有工作，离不开。有的孩子在国外上学需要有人照顾。有的担心回来后不能适应，在国外留条后路。总之各有各的打算。然而，只要你决定回国工作，就应该把自己的家庭安排好。有的人，由于夫妻分离，而最终造成家庭解体。有的人，由于转换环境，对国内的水和饮食均不适应，经常生病。在国内的工作，往往没有严格的上下班时间，他们常常每周工作6天，每天工作11个小时，即所谓“611”。所以我想说的，就是要“安好家庭，保重身体”。无论你回来是实现理想，还是其他目的，总之，如果由此家庭破裂，身体搞坏了，那是得不偿失的。只有后方家庭稳定，自己身体健康，才能谈得上为国家作贡献，进而实现自己的理想。

凡遇到不顺心的事，要积极正面去看待，重在参与，重在过程。只要抱着享受过程的心态，就能有愉快的工作和生活。因为过分追求结果，往往在遇到困难时，会有挫折感。事业的成功，有很多条件限制。天时、地利、人和，一个也不能缺。你暂时没有成功，不等于你的能力比别人差。要有好的心态！

高层次海归回国服务，是一个充满理想，充满挑战的课题。自己的祖国正在经历前所未有的变革，充满机会，拥有广阔的舞台。只要你调整心态，积极面对，努力工作，一定就有作为。国家需要我们，人民在召唤我们。在中华民族伟大复兴的征程中，我相信我们每一个人都应该留下自己的脚印。

回国服务，你准备好了吗？

（本文发表于《神州学人》2011年第12期）

12 迷人的骑行

骑行是一项令人着迷的运动。爱上骑行是一个漫长的过程。它已经成为我的一个习惯，一种生活方式，一种瘾。让我用自己的体能和车轮丈量大地，沉浸自然世界，见证一个人的胸怀、力量、勇气、坚毅、极限和健康。骑行在路上，风景在心中，带着梦想，和飞转的车轮一起邂逅一个又一个陌生的地方。享受骑行的状态：自由，未知，期待，惊奇，美景。可以收获，也可以遗忘。

青葱少年时学习骑行是为了娱乐，长大后骑行是作为交通工具。第一次长途骑行是和我的中学伙伴（冯小丹）前往山阳县照

川区大姐姐家。120公里的旅程，我们整整走了两天。骑着笨重的28式永久牌自行车（加重型），沿着盘山公路翻越重重秦岭。在当时的年龄算是一次壮举，赢得小伙伴们的羡慕和崇拜。第二次长途旅行是我在大学的暑假期间和同学们骑车远游北京长城和十渡风景区。来回300公里的旅程，让我对骑行开始了厌恶和惧怕。因为我的脸晒卷了皮，屁股磨起了泡。回校休息了一周，也没能缓过劲来。因为当时的条件非常差。我骑的是一辆非常破旧的自行车（40元购买的旧车）。旅途中不是破胎，就是断链子。不得不推着走，扛着走。不是我骑它而是它骑我。旅途非常波折艰辛，留下许多痛苦的回忆。参加工作后，自行车成为生活中的三大件必需品之一。辛勤地攒一年的钱才够买一辆新自行车。骑

车的技艺练得成熟而高超。前杠带着女儿，后面驮着老婆，手里还拎着热水瓶，穿梭在千万个骑车上下班的人流当中，悠然自得。自行车成为日常生活中最主要的交通工具。

1997年出国来到墨尔本。第一件事儿就是购买自行车解决上下班的交通问题。冬天的墨尔本，天天下雨。骑行在马路上，常常被浇得透湿。道路旁的汽车风驰电掣，溅起簌簌水花，搞一身的泥巴，非常辛苦。再后来自行车成了我的运动工具。周末邀请五六个朋友，一起沿着海边自行车专用道骑行。清晨，一轮红日从海面上喷薄而出。一群一群的黑天鹅，还有鹈鹕迎着朝霞伴你飞翔。那风景实在是美不胜收。我的爱犬露西也跟着一路前行，往返十几公里她也气喘吁吁。如此情景，在墨尔本持续了十多年的时间。

2010年回到上海工作和生活。第二年我就买了一辆自行车。不是上下班的交通工具，而是用它来度量上海这座魔都。我骑着它看了衡山路的一座座小别墅；看了过去的法租界、日租界、英租界的历史变迁；看了郁郁葱葱的梧桐树和满地金黄的树叶；看了一个个名人故居，还有外滩鳞次栉比的高楼。随着科技的进步和经济状况的好转，我的自行车由一辆发展到了8辆。有普通折叠的金属变速自行车，有山地车，电动助力车，还有全碳纤维公路赛车。由一人独行发展到参加专业的自行车骑行队伍。骑行已经成为我业余生活中的主要组成部分。只要天气好，我就到周边的田间地头、河边江边去骑行。长则100多公里，短则三五十公

里。也常常约朋友到郊外去骑行。把自行车放在汽车上，开车到远郊去探索那些未知的世界。

令我骄傲的是去年（2019）十月我参加了环太湖320公里的拉力赛。比赛进行两天：第1天180公里，第2天140公里。我全程参加，完全考验了自己的体力和耐力。期间经历了爆胎和修车，体验了队友的关心和友爱。人生就是一座座的高山，只要你咬紧牙关一定能够爬过去。考验的是自己的毅力和雄心。挑战自我，勇敢而为。

骑行是一项很好的运动。人到中年，膝盖总有酸痛的毛病，上下楼梯多有不便。从科学上讲，膝盖半月板的磨损不可修复，不可再生。唯有不断增加肌腱的润滑营养才能保养好膝盖。其最好的方法就是骑车和游泳。这两样运动膝盖不受力，却能很好地运动肌腱，给膝盖供养。跑步和快走对膝盖的伤害都很大，因为人体的重量都压在了半月板上了，骨质很容易受到磨损。

我之所以喜爱骑行，还因为它的速度与我心灵接收风景的频率吻合。骑车成为我愉悦心灵的方式。开车太快，步行太慢。欣赏风景，骑行是最好的选择。人生就是一场盛大的遇见。用激越的心情融入自然，体验世界美好，无悔人生。用车轮在大地上留下自己的探索，在风雨中抒写快意的诗句，这就是骑行的意义。

我想骑行到更多的地方，邂逅更多的风景，写下更多的故事。收获健康和喜乐。

（写于2020.5，上海）

第二篇

散谈漫议

1 从哈佛，看我国大学教育

错失哈佛大学是我一生的痛。因为哈佛大学是大多数莘莘学子向往的伊甸园，而我曾经有机会进入深造，却被自己放弃了。1996年国家成立留学基金委，第一次在全国公开选拔留学生。采取的方针是："公开报名，公平竞争，择优录取，来去自由。"当时我刚刚博士毕业，参加考试后被选为高级访问学者（博士后）。在我填报的十个志愿学校当中，哈佛排名第一。因为我一直有个虚荣心，把能进入哈佛或者MIT这样的大学去镀金，作为自己的人生梦想。当时我计划到哈佛大学应用数学系深造，以提高自己深层次理论研究的能力。

天遂人愿，在朋友的帮助下，我很快收到了哈佛大学著名教授罗布（Rob Michelle）的邀请函。然而，在我欢天喜地、整装待发的时候，天降祥云，我又收到了澳大利亚皇家墨尔本理工大学（RMIT）的邀请函，并附带了一份研究津贴的文件。告知我如果去RMIT工作的话，每月我可以获得一笔可观的生活补贴，而哈佛却没有这样的条件。在金钱面前我毫不犹豫地放弃了与哈佛的缘分。这印证了马克思“物质基础决定上层建筑”的理论。说明人在贫困的时候是没有精神抵抗力的。尽管现在看来，有些荒唐和可笑，但当时却是不争的事实。谁也不曾料想，30年后的今天我们的国民收入发展这么快，变化这么大。

然而十几年以后，我终于有机会来到哈佛，不是学习而是学术交流。尽管我没能见到原来邀请我的罗布教授（已经去世），但我却实实在在地伫立在哈佛先生铜像前，深情地抚摸了他的脚（传说摸了哈佛脚，会变智慧，考试不挂科）。

哈佛对人类的影响如此之大，主要是因为这座全球排名第一的著名大学的卓越贡献。哈佛大学400多年来（始建于1636年），共培养了8位美国总统、40位诺贝尔奖得主、30位普利策奖得主、数以百计的世界级财富精英。哈佛大学全体教工约2 400人，却拥有美国国家科学院、工程院、医学院三院院士300余人，位居全美之首，无人望其项背。罗斯福、肯尼迪、布什、奥巴马、潘基文、比尔·盖茨、扎克伯格，还有我们中国的林语堂、梁实秋、竺可桢等一大批著名人士，都有一个共同的标签：哈佛校友！那么，哈佛靠什么打造了这些巨人？它的教育中有什么深藏未露的秘密呢？

经过一段时间的研究和思考后，我发现哈佛成功的基石就是：独立思想、学术规范、注重人文、教学与科研并重。独立思想是哈佛大学的第一原则。哈佛鼓励人们独立思考，让学生参与解释、发现和创造新知识。严格的学术规范，严格禁止抄袭、剽窃和改头换面的移植学风。另外，哈佛非常重视人文科学教育和人文素质培养。

哈佛大学把追求真理作为校训，作为核心教育理念，印在校徽上。学校为学生创造平等、轻松和无拘无束的课堂氛围，以最大限度激发学生独立思考的积极性。教师与学生建立合作伙伴关系而不是等级关系。哈佛用“通识教育”帮助学生提高批判性思维。哈佛有清晰的办学理念：以基础研究为核心，以国家的安全与发展为方向，以关注民生的科学研究为支撑，以高薪吸引一流人才，组建一流的科研团队。利用校友资源，为学校筹款，让哈佛成为最富有的大学。哈佛强化学校的社会服务功能。哈佛校长伍德罗曾说过：“一所院校能在国家的历史上占一个位置，不是因为她的学识，而是因为她的社会服务精神！”

记得几年前在北京大学成立100周年的大会上，大家纷纷讨论中国大学的功能和发展方向到底是什么？为什么我们现在的教育出不了大师级的人物？如何建设国际一流的大学？很多有识之士洞察到中国大学正面临着危机：质量危机、经费危机、道德危机、校治危机、大师危机、理念危机等。一系列问题困扰着人们。大学的理想、大学的信念、大学的精神、大学的目标、大学的责任、大学的变革与走向到底是什么？该如何界定呢？

思考过后，我以为大学的功能应该是创新科技，传承知识，启迪思想，教化社会，培养人才；大学的开放性，相互交流切磋，让知识有了更新的力量。大学是活泼的、极具生命力的、可以绵延不息的江河；大学应该是知识创新和发展的摇篮；大学是社会的良心和智慧之所在；大学应当服务于人类社会的整体利益，服务于国家、服务于民族的进步；大学应该是主流价值观传播的引擎，是先进文化传承、创造和弘扬的地方，是先进生活方式的倡导者和传播者。

每所大学在教育体系中的定位、价值取向、学科结构、历史传统不完全相同。有的学校是研究型大学，有的学校是教学型大学；有的学校以理工科见长，有的学校以人文社会科学见长，有的学校则有很强的综合性大学的特点。正是由于大学个性的存在，不同的大学风格、大学精神在一起相映生辉，形成了全世界

的高等教育的繁荣景象。

那么，如何办好一所大学呢?

首先根据社会发展的要求和学校的实际，正确而合理地选择适合自身的发展空间和方向。一般来说，应考虑以下三个因素：（1）社会政治、经济、文化发展对学校的要求。（2）了解国内其他高等学校的发展状况，发挥自己的相对优势。（3）了解自己学校的历史，扬其所长。

要办好一所大学，就要重视发挥大学培养人才、发展科学、直接为社会服务并引领社会发展以及国际交往的综合功能。以人为本，创造一切条件，依靠学术造诣深的学者、专家及广大教师，培养具有高度社会责任感、高尚思想品德和职业道德、具有创新精神和实践能力，能够活跃于信息时代，适应市场经济竞争环境和善于终身学习的高素质人才；尤其重视培养学生批判性思维的能力，培养学生的创业技能，使学生不仅仅是求职者，而且是创造者。

好的大学要创设宽松、浓厚的学术氛围。突出学术自由与独立，追求真理，发展科学；坚持基础研究和应用研究并重；加强产学研合作，推动科技成果产业化。利用大学人力资源和科学技术方面的优势为社会提供咨询与服务，解决生产部门在技术革新、设备改造、产品更新、科学管理等方面的问题，提高经济效益；承担国家和地方政府下达的重大科研项目或重大工程项目，通过科学研究为国家或地方政府提供政策和决策咨询；通过人才培训为最广泛的人群进行知识传递和推广，为终身教育、继续教育等发挥作用；全面参与经济建设和社会发展。

大学应自觉地发挥文化和文明“交往”的功能，建立不同国家间、不同高校间的教育、科研的国际合作。推动学者和学生的国际交流；促进世界和平与发展。大学有责任把全球化提出的各种问题纳入教学、研究和开发的范围之中，在挑战中开拓进取，在机遇中创新发展，为国家现代化和民族复兴作出贡献。未来的大学将不仅是人才培养的基地，而且是科技融合创新的知识产业，是社会发展的中心，是国际文化交流的桥梁。

那么大学教育的精神价值是什么？我想起美国第三任总统杰弗逊给美国小学生写过的三句话，现已成为学生守则：

（一）我保证接受教育，以便我日后有独立思考的能力；

（二）我保证接受教育，以便我日后能明辨是非，不以讹传讹。

（三）我保证接受教育，以便日后能发挥我批评别人的才能。

这是多么了不起的精神价值呀！对一个民族的集体人格塑造将会发挥多么重要的作用。因为大学教育是人生最重要的教育。对一个人的世界观的形成、知识结构的形成有着举足轻重的作用。

对我个人来说，错失哈佛大学——这个让人高山仰止的学府，反而让我思考很多关于大学的问题。失之交臂，焉知非福？

（写于2008.1，墨尔本）

2 谨防“窜端匿迹”之人

对于一个领导者，首要的责任就是知人善任。用好人，用对人，事业成功就有希望。然而，“事之至难，莫如知人”。原因在于“凡事之所以难知者，以其窜端匿迹，立私于公，倚邪于正，而以胜惑人心者也”。所谓“人心难测，世事难料”讲的也是这个道理。“谋事”必先“谋人”。揣摩人性，把握人心，无论是识人、择人、用人，还是管人、防人、制人，都有很大的学问。中国自古就有很深的权谋之道，也出现过许多驾驭人的高手，如康熙、曾国藩等。

识人辨才，古之难事也。难就难在，事有似是而非的地方。如“刚直开朗似刻薄，柔媚宽软似忠厚，廉价有节似偏隘，言纳识明似无能，辩博无实者似有才，迟钝无学者似渊深，攻忤谤讪者似端直”。一较之，似是而非，似非而是。人才优劣真伪，每混淆莫之能辨。

一般来说，趋利避害是人的本性。商人做买卖，日夜兼程，为的是追求利益。渔民下海，不怕深海万丈，也为的是利益。所以，善于管理者，就要顺势“利”导。人都有优缺点，用人时贵在扬长避短。不知人短中之长，就不能做到善于用人。人的长处和短处，是相伴相生的。常能见到，长处比较突出，成就比较大的人，缺点也往往比较明显。领导者要能善于发现、使用“偏才”。偏才往往在某些方面有过人之处。扬其所长，避其所短，往往可成就大业。曾国藩识人辨才，常常察“神”以观其德，观“精”以辨其智，观“筋”以辨其勇，观“骨”以辨其强，观“气”以辨其定，观“仪”以辨其情，观“色”以辨其心，观“言”以辨其性。

现今社会有一批人喜欢戴着“左”帽子，披着“道德和品德”外衣，装着积极向上一心为人民的样子，迷惑大众。而揭开一看却是一肚子的男盗女娼。媒体上那些被国家查出的高官，看看他在台上时夸夸其谈、盛气凌人的样子，再看看他们在监狱的状态，何其“窜端匿迹，立私于公，倚邪于正”也！伟人邓小平曾经说过，我们要反“右”，但主要是防“左”，因为它更有欺骗性，危害性更大。

华为创始人任正非有句名言：“一个追求完美的人，注定是无用之才。”每个人都有长处有短处。没有缺点的人要么无用，要么匿奸于正，善于伪装。有缺陷、有特点、有个性的人往往是大才、偏才、可用之才。选人识人用人，是事业成功的重要命题。领导者要有“我愿天公重抖擞，不拘一格降人才”的气魄。

不要以人之短而舍人之长，不要以己之长去衡人之短，不要以小过而舍大才。要充分利用他们的长处，还要注意遮盖他们的短处。对雄才大略之人，不要计较其短处，对道德高尚之人，不要刻意挑剔其小毛病。趋利避害，用人之长，才是真正的用人之道。

（写于2009.9，墨尔本）

3 面对失败的勇气

一次到加拿大蒙特利尔出差。我注意到和我们谈判的对方工程师们，小手指上都戴着一模一样的戒指。席间我问朋友这是何意？未婚，结婚，离婚？朋友听后哈哈一笑，给我讲起一个加拿大人家喻户晓的故事。

原来这枚戒指，源自魁北克大桥的悲剧。1900年，魁北克市开始修建横跨圣劳伦斯河的大桥，这是当时世界上最长的桥梁。加拿大工程学院的一个毕业生Theodore Cooper接受加拿大

政府的委托，为了节省成本擅自延长了大桥主跨的长度，由500米增长到了600米。1907年8月29日，当桥梁即将竣工之际，发生了垮塌，75人死亡，多人受伤。事故调查表明，正是因为库帕的过分自信，忽略了对桁架重量的精确计算，而导致悲剧的发生。

1913年，重新开始大桥的设计建造，可历史并没有给人以血的教训。1916年9月，由于某个支撑点的材料指标不达标，悲剧再一次重演。这一次是中间最长的桥身突然塌陷，造成10名工人死亡。直到1917年第三次修建，大桥终于通车，成为迄今为止最长的悬臂跨度大桥。这座桥原本可能成为不朽杰作，却成为了加拿大人的耻辱。

Cooper设计师毕业于著名的加拿大工学院。该学院因此也声誉扫地。但是学校并没有掩饰、隐瞒这件事，联合倡议七所工程学院筹资买下了大桥的钢梁残骸，打造成一枚枚指环，分发给每年从工程系毕业的学生，取名“耻辱戒指”。为了铭记这次事故，也为了纪念事故中的死难者，戒指被设计成如残骸般的扭曲形状。从那以后，该校的毕业生在领到毕业证的同时，都会领到一枚耻辱戒指。凡是想成为工程师的人（领取执照的人），都必须参加一个隆重的仪式，大家手握一条铁索链宣誓：自觉、自愿接受工程师章程的规范，敬于、忠于工程师这严谨、严肃的称号。每个人花20元买下一枚标示工程师身份、记载着加拿大工程界一段耻辱的戒指（Iron Ring）。毕业生们把大桥残骸制成的耻辱戒指戴在左手小拇指上，告诫自己，产品质量重于生命。牢记过去的教训，激励自己奋发图强。让它代表工程师的骄傲、责任、义务以及谦逊。更重要的是提醒人们永远不要忘记历史的教训与耻辱。

这仪式已经成为加拿大人的传统并一直延续下来。戒指被戴在工程师的小手指上，成为一种警示和告诫。不是金，不是银，却无比珍贵。戒指是由许多工程死难者的血肉铸成的，是工程师良心的警钟，提醒着工程师对他人生命和财产的责任。

加拿大政府从中受到启发，为每一个官员建立了个人廉政档案，并配发了胸牌。如果哪位官员从政不廉，将会被记入个人廉政档案，并在胸牌上标示出来，成为终身的耻辱，其功能相当于耻辱戒指。通过这种手段，加拿大政府成功遏制了官员的腐败风气。久而久之，制度的力量深入内心，加拿大官员都自觉地以贪污受贿为耻，很少出现官员腐化堕落的现象。加拿大政府的清廉指数也稳居世界前列。

我曾与一位戴着指环的工程师交谈，他说，这枚小指环规定必须戴在小拇指上，而且是用右手写字的人戴在右手，用左手写字的戴在左手。它的用意：为了使工程师们在握笔描绘图纸，准备为一个工程勾画线条、开列数据、标注文字时，小拇指首先就有“受硌”的感觉，提醒人们每个细小工作都将影响深远，绝不能忘记自己所负的责任。产品的安全、质量是企业的生命。绝不能偷工减料，疏忽大意。

第三天，我驱车赶往魁北克城，沿着圣劳伦斯河途经那座大桥时，我沉思了许久。科技的历史其实是一部累积失败的历史，正是因为后人正视失败，吸取教训，才有了今天的成就，而这正是科学精神的所在。

四川汶川地震过去了，还有多少人记得那些砖瓦碎石下掩埋的灵魂？地震属于天灾，不可预知。可是，为什么当地震到来时，最先倒塌的都是学校呢？又为什么在一座基本成为废墟的城镇里，只有几座市政大楼，可笑又可悲地屹立不倒呢？其中的玄妙不言而喻。

知耻而后勇。我在想是否也需要有人把汶川地震后的残骸造成一枚枚指环？如果是的话，指环该发给哪些人呢？除了工程师，施工队，恐怕应该还有很多其他人吧！耻辱之戒示于人，敬于心，警于行。

（写于2008.9，墨尔本）

4 “伪善，伪尚，伪科学”

我不知道“伪”和“假”这两个词，在真实含义上有什么区别，常常被当今世间万象所困惑。表面上看，“假”是对事物真实与不真实的描述，而“伪”则在描述“假”的同时，强调了“故意掩盖”的成分。

当今社会，人们对“假”司空见惯，习以为常：假烟假酒、假奶粉、假肉假蛋、假名牌、假学位、假身份、假证件、假数据、假论文等。人们开始慢慢地习惯和“假”一起生活。说假话，搞假案，假夫妻……与“假”相比，“伪”就更胜一筹了，因为“伪”的危害更大。一些人有着“伪善”的面孔，他们做“善事”都要“图报”。所谓“积德行善”以图来世得报。做一件“好”事总想社会的褒奖、表彰。一些人，顺时信儒教，逆时信佛教。不管什么庙，见什么拜什么，把人和神的关系看作“交换”。我拜您，您就得保佑我。个别人对给予弱势人群的“施舍”，冠以“慈善”。一开始，就把自己摆在道德的制高点上，而在心里却做着价值交换。比如一个企业家发了财，荣归故里。见着乡亲依然贫困，每人发一百元钱。但要求乡亲们把这一百元钱举在手上，和他一起拍照。然后登报上网，大肆宣传。我不知道这是“慈善”还是“伪善”。

和“伪善”相比，“伪尚”就是对社会风气和道德价值的更大危害。一个简单的不能再简单，普通的不能再普通的行为，被给以无边的“高尚化”，在某些人眼里、某些地方成为惯性思维。救起一个落水儿童，原本就是一个人的本性所为，媒体夸张地宣传为“品德高尚”“舍生忘死”“大公无私”等不绝于耳的高尚行为。一份普通的正常的工作，也常常被附予太多“高尚”的内涵。警察节假日值班，再正常不过，非要宣传为“舍小家为大家”之类的高尚之举！一个医生晚间给人看病，就是舍生忘死，救死扶伤，“不顾小家，救大家”。一个企业单位，承担国家工程，也常常被称为“振兴民族”之伟业。

一个国家、一个民族无限地“滥”用“高尚”，说明这个民族缺乏真正的“高尚”。用“高尚”作为精神动力，激励一个社会，说明这个社会的“虚伪”的东西太多。大家常常看到这样的实例，一些在“公家”单位上班的同事，见了面都喊“忙死了”“累死啦”。权且不追究他们的工作到底有多少，效率有多高，他们上班时到底在干什么。明显的一点，就是他们总喜欢在别人面前，领导面前展现自己为别人、为单位、为国家付出了多么多么大。一种“伪尚”的心理自觉不自觉地表现了出来。如果任由这样的现象发展下去，社会必将变得“虚妄”起来。

中国经济发展到今天，得益于党的领导，得益于改革开放的政策。但是要从“中国制造”过渡成“中国创造”，真正建立起创新型国家还有很长的路要走。在科技领域，一部分人仍然喜欢搞“伪科学”，他们数据造假，论文造假，成果造假。比如说一个国家级创新项目“汉芯”，竟然买一个国外的“芯片”打磨掉上面的商标，刻上自己“汉芯”二字，就说成是“创造”，骗得国家几千万经费。一些单位申请科研经费，不从“科研能力”上下功夫，而是跑关系、找评委、送红包。而自己的项目连起码的研究目标、范围、科学问题、方法、应用前景都说不清。一忽悠就是几千万。结题时寥寥草草交一份报告，敷衍了事。结题成果评审，也不对评审对象做深入研究和评判。让被评者写好结论，而评审者闭着眼睛签字。更有甚者，一些科学泰斗，为一些假项目、伪科学摇旗呐喊。尤为严重的是个别人员为评院士，殴打推荐人，甚至不惜雇凶杀人。因此，现今社会一定要揭露那些搞“伪科学”的“伪科学家”。

信任是人与人交往合作的基础。无论夫妻关系还是官民关系，没有信任就只剩下彼此哄骗、自欺欺人。像一个段子形容的:“官员们哄百姓开心做做秀，下级哄上级开心做做假，丈夫哄老婆开心做做饭，自己哄自己开心做做梦。”结果就是鲁迅说的比真的做戏还要坏的“普遍的做戏”，也是严复所说的“华风之大弊，一言以蔽之，始于作伪，终于羞耻”。

曾几何时有人问，为什么中国人很少有“诺贝尔奖”获得者。因为，我们的社会还存在“假”的土壤，还有一些浮躁的、喜欢走“捷径”的人们；还有一些靠“献媚”上级而取得利益的人群，还没有做好在科研上忍受“寂寞”的准备。这些观点可能偏激，但不得不承认，这是在某些地方的现实存在。一些单位存在一种想象：把简单的问题复杂化；普通的工作高尚化；严谨的科研虚浮化；应有的职责形式化；拟定的计划松弛化；企业的管理政府化；成本的控制大手化；产品的研发政治化。这些现象希望能引起全社会的重视。坚决扼杀“伪善，伪尚，伪科学”的现象，把社会风气扭转过来。

（写于2013.3，上海）

5 参访西点军校随感

由于澳美同盟的关系，很多年以前，我执行一个联合项目，带学生到美国西点军校（West Point）交流访问。记得是一个大雪纷飞的季节，我们一行从西雅图，到芝加哥，最后到纽约和波士顿。其中有几天时间在西点军校学习。尽管过去我在中

国工作时有过在军队短期实习的经历，80年代作为大学社会实践的一部分，还亲自参加某“自卫反击战”的实际战场慰问活动，在澳大利亚也有三年在国防系统工作的经历，但真正进入美国军校学习工作还是第一次，心里不免有点忐忑和激动。

西点位于Hudson河的西岸，距离纽约80公里，从曼哈顿驱车到西点用了两个多小时。那天大雪纷飞，道路湿滑。车到西点大门口，接待人员把我们送到短训宿舍，所谓的“西点酒店（营房）”。一人一间，房间很小，设施简陋，但暖气很足。室内还是原砖砌墙，没有粉刷装饰，显得原始自然。在一小时的自由时间里，我急忙洗了热水澡，去掉一身的寒气。下午是参观活动，参观他们的荣誉墙、校史馆、图书馆、作训间、操场、体育馆等。此后几天就是讲座和交流。让我最不习惯的就是每天早上六点起床，和学生们一起5公里跑步。有时在操场，有时在哈德逊河边，由长官教练带队。我们穿着西点作训服，按照西点的规矩行动。校内不准照相，不准复印带走任何材料，必须服从校方的所有安排。

我怀着极大的兴趣开始研究西点军校。因为它是享誉全球的、最著名的美国陆军军官学院（The United States Military Academy）。有很多知名的将领和商业奇才毕业于西点军校，比如美国第34任总统艾森豪威尔，陆军五星上将史密斯·巴顿将军、二战盟军总司令道格拉斯·麦克阿瑟（五星上将）等，美国高级将领有一半毕业于西点。

西点军校始建于1794年。美国第三任总统托马斯·杰弗逊认为，建立一所军事学院可以促进国内军事工程与科学发展。他

授权在西点建立由国会控制的工兵军团和军事学院，这就是西点的诞生。成立时只有10名学员和7名军官。后来在1812年得到重组和扩建，设施得到加强，课程得到扩展，学员录取被固定下来，并建立了一个监事会。道格拉斯·麦克阿瑟在担任第二次世界大战的盟军总司令之前就是西点军校的校长。

西点军校四年制本科的课程共40门，其中30门为必修课程，主要有数学、工程、英语、历史、社会科学、心理学、军事与国家安全课题等。10门选修课包括基础科学、应用科学、工程学、人文学、国家安全事务与公共事务等。西点军校依山傍水，绿树成荫，风景优美。西点军校内的广场、道路、建筑物都是以美国历史上著名军事将领的名字命名的，如华盛顿大楼、塞耶大楼、格兰特大楼、艾森豪威尔大楼和雷兹广场等。教学区中心的西点军校图书馆，是美国第一个军队图书馆和第一个联邦图书馆。校内拥有两座大型综合体育场、一幢体育大楼和多个室内外游泳池，还有十八孔高尔夫球场和保龄球场。

许多人都知道西点军校走出了很多著名将领，然而人们却不知道西点军校更是培养商界领袖的摇篮。现代管理学之父彼得·德鲁克以及通用电气前首席执行官杰克·韦尔奇曾被问及同一个问题：在培养领导者方面，谁做得最好？他们的答案既不是哈佛商学院，也不是通用电气，而是西点军校。因为西点军校还为美国金融界造就了1 000多名董事长、5 000多名高级管理者。

最令人钦佩的是西点军校的教育理念和精神价值。西点军校特别重视对学员品德的培养，它把“责任、荣誉、国家”定为校训。学校强调：仅仅培养领导人才是不够的，必须是“品德高尚”的领导人才。西点的基本价值观就是：正直、诚实和尊重他人的尊严。西点的《学员荣誉准则》明确规定：“学员不得撒谎、欺骗和偷窃，也不得容忍有上述行为的人在自己身边存在。”这些要求，看上去非常简单低级，没有太多“高大上”的理想，但仔细思考是多么了不起的荣誉要求，这是对人性的最起码拷问。要诚实，就不能撒谎，不能欺骗和偷窃；要正直，就要敢于检举揭发坏人，敢于和身边的坏人作斗争。只有这样全社会才能风清气正，团队才有效率和战斗力。当然，西点军校还有许多精神财富，比如：

（一）最重要的是，在关键的时候能够坚持原则。

（二）恪尽职守的精神比个人的声望更重要。

（三）我们要做的是让纪律看守西点，而不是教官时刻监视学员。

（四）“魔鬼”隐藏在细节中，永远不要忽视任何细节。

（五）千万不要纵容自己，给自己找借口。

（六）要感谢生活中的逆境和磨难。

（写于2006.3，墨尔本）

6　人类的“自大与渺小”

2020年新年伊始，人类面临一场猝不及防的灾难——“新冠肺炎”。“新冠肺炎”大暴发于中国的武汉，然后迅速蔓延，遍及全世界200多个国家。仅仅4个月的时间，已造成全球5亿

（人骨教堂）

人感染，630多万人死亡。目前还在发展和演变当中。它已经对人类政治、经济和日常生活造成巨大的危害，其最终损害程度还有待历史进一步评估。

20世纪初，现代医学和技术的高歌猛进曾让人类无比自信地以为自己已经战胜了流行病。然而我们错了，潜藏在自然界黑暗角落里的神秘病菌突然现身人类的大都市，导致成千上万人感染甚至死去。回看历史的脚印，过去几百年，从导致上千万人丧生的大流感，到突然降临“天使之城”洛杉矶的鼠疫；从导致美国贵妇人神秘死亡的鹦鹉热，到感染后会出现大出血的非洲埃博拉，每次疫情的暴发都令人猝不及防，打击着人类的自信。人类对战争和自然灾害已经有很好的警觉，可对瘟疫依然认识不足。

我们人类必将与病菌继续共存下去。在可以预见的未来，全球性的流行病还将会不时地出现。如果我们可以不断反思过往的教训，在研究病菌的同时，不断改善导致瘟疫暴发的社会和自然环境条件，不再狂妄自大，也许，我们在应对下一场全球性流行病时能取得比现在更好的成绩。

历史的教训是惨痛的。当年奠定了欧洲文明基础的古希腊居然毁于一场闻所未闻的大瘟疫；罗马帝国的命运也毁于瘟疫。中国东汉末年三国鼎立局面的形成、基督教的兴衰、文艺复兴时期的到来、拿破仑命运的转折居然都掌握在一只看不见的黑手中——大瘟疫。

14世纪四五十年代，对于欧洲来说，是一个极为悲惨的时期。从1347至1353年，席卷整个欧洲的被称为“黑死病”的鼠疫大瘟疫，夺走了2 500万欧洲人的性命，占当时欧洲总人口的

30%。而发生在20世纪，堪称人类史上最为惨烈的第二次世界大战，欧洲因战争而死去的总人数仅为其人口的5%。足以看出这场瘟疫给欧洲人民带来的灾难。

“黑死病”让欧洲大伤元气，因大瘟疫传播而引起了社会、经济和政治的大变动。大瘟疫引起了大饥荒，盗贼四起；天主教的威信受到极度沉重的打击；当时掀起了一波又一波迫害犹太人的浪潮，理由是犹太人到处流动传播瘟病并四处投毒。在美因茨，1.2万犹太人被作为瘟疫的传播者而活活烧死，在斯特拉斯堡城内杀掉了1.6万犹太人。

黑死病，对欧洲文明发展方向也产生了重大影响，西方学者认为它已成为“中世纪中期与晚期的分水岭”“标志了中世纪的结束”。有许多学者把黑死病看作欧洲社会转型和发展的一个契机。经历了黑死病后，欧洲文明走上了另外一条不同的发展道路，原来看起来非常艰难的社会转型因为黑死病而突然变得顺畅了。因而它不仅推进了科学技术的发展，也促使天主教会的专制地位被打破，对文艺复兴、宗教改革乃至启蒙运动产生重要影响，从而改变了欧洲文明发展的方向。

这不禁让我想起几年前有幸参观过的人骨教堂。从布拉格市区到昆特拉霍拉只需要大约一个小时车程，那里有一座用人的骨头搭建的教堂——人骨教堂。据说黑死病流行时，当地死去了成千上万的人。他们大多数人都信奉天主教，用死人遗骨搭建教堂，以这种方式奉献给上帝。在虔诚的教徒们看来，人骨教堂不但不阴森恐怖，而是一个圣洁的地方，是教徒们祷告、祈福和与上帝同在的地方。

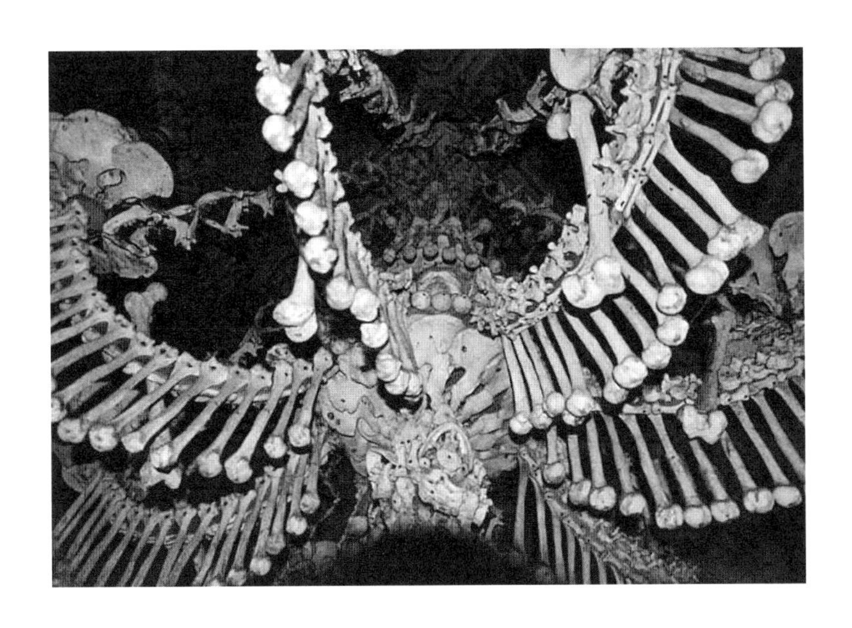

这里的天花板、墙壁上尽是人骨串成的装饰品，据统计，这些饰品大约用掉一万具尸体。教堂入口处有用120多块人骨做成的蜡台，天花板上铺的是四肢骨，墙壁上的花毯也用人骨装饰，神坛由不同大小的人骨堆砌而成，图案则由肋骨镶嵌。在这里四处可见十字架、王冠、垂带等装饰，均由各部位的骨头拼凑而成。但令人惊奇的是这些骨骸均是成年男人的，而且上面有钉眼和被刀剑刺过的痕迹。

走过人骨教堂，让人毛骨悚然。真希望新冠病毒过去之后，不会再有新的人骨教堂。

（写于2021.11，上海）

7 话剧《恋爱的犀牛》随想

“如果你过分夸大两个女人的区别，那就是您不幸的开始”，这是话剧《恋爱的犀牛》中的一句台词。

2012年11月，我到北京旅行。晚上闲来无事，匆匆赶到国家大剧院看新编剧《图兰朵》，可是票已售完。无奈之下，只好选择小剧场话剧《恋爱的犀牛》。很久没静下心在剧场观看戏剧了，重新体验一个人安坐剧场的滋味。

《恋爱的犀牛》讲述一个关于爱情的故事，被评为当代情圣剧，已演出500多场。故事讲述了一个犀牛饲养员爱上他的邻居女孩，而这个女孩不爱他。他绑架了她，杀死了自己饲养的犀牛，掏出了犀牛的心给她。因为他得了偏执狂，想证明他对她的爱。这就是完整故事，情节简单直白。

然而，两小时下来，所谓当代舞台剧的表现形式，完全出乎我的预料。它没有了传统话剧的舞台布置，没有娓娓道来的叙事过程，没有上下戏文的交代，没有了衔接。场景搭配标新立异，不伦不类。一群年轻人在舞台上狂喊、乱跳，让人感到莫名其妙。观后让人多了一层忧虑：为什么社会发展到今天，貌似艺术家的新新人类，在这样一个所谓“盛世繁华”的外衣下，宣泄的只有“性”，已没了“情”。艺术成了沸腾的白开水。

导演孟京辉据称是当前具有影响力的导演，现为中国国家话剧院导演。曾执导《思凡》《百年孤独》《关于爱情归宿的最新观念》《艳遇》《堂吉诃德》等。除了《恋爱的犀牛》，我没有看过他的其他作品。话剧作为一种西洋舶来的艺术，到中国后，成为一种“不中不西，亦中亦西，不新不旧，亦新亦旧，杂糅混合的形态”。戏剧是研究人、表现人的艺术。作品的核心是人物形象。内容是人的行为和命运，人与人之间的关系，以及人与人之间的冲突。作品以演员的姿态、动作、表情、对话等方式，直接作用于观众的听觉和视觉，向观众展现社会生活的场景。然而这部话剧完全没有做到。

在抗战时期，延安鲁迅艺术学院演出过果戈理的《钦差大臣》、契诃夫的《求婚》、包戈廷的《带枪的人》等俄苏戏剧，也演出过《日出》《北京人》《太平天国》等国内著名剧作，那时候话剧风靡一时。新中国成立后先后成立了中国青年艺术剧院、北京人民艺术剧院、中央戏剧学院、上海戏剧学院、中国人民解放军原总政治部话剧团等。涌现了一大批话剧，如《龙须沟》《茶馆》(老舍)、《蔡文姬》(郭沫若)、《关汉卿》(田汉)、《万水千山》(陈其通)等优秀剧目。

从50年代到60年代初，中国话剧走入了一个新的历史阶段，自身的创造力得到了比较充分的展示，涌现了《战斗里成长》《红色风暴》《霓虹灯下的哨兵》等一大批成功的剧作。我看过其中许多剧目，其中的一些优秀作品，成为某些剧团的保留剧目，甚至成为民族艺术的骄傲。比如老舍创作的《茶馆》，经由著名导演焦菊隐执导，北京人民艺术剧院演出，获得了极大的成功。

一个好的作品，剧作家创作剧本是一度创作，导演所做的工作是二度创作。导演在其中发挥的重要作用，是创作的灵魂。而现在涌现的一批年轻导演却缺乏应有的文化厚度，把一些作品当作自己的个性表达，失去了艺术原有的规则和魅力。

我不喜欢《恋爱的犀牛》夸张的舞台表现形式，但我喜欢它的剧本，尤其是台词。比如“爱她，是我做过的最好的事情”“黄昏是我一天中视力最差的时候，一眼望去满街都是美女，高楼和街道也变幻了通常的形状，像在电影里……你就站在楼梯的拐角，带着某种清香的味道，有点湿乎乎的，奇怪的气息。擦身而过的时候，才知道你在哭。事情就在那时候发生了”。

“你是我温暖的手套，冰冷的啤酒，带着太阳气息的衬衫，日复一日的梦想。你永远不知道，你是我渴望已久的晴天。你永远不知道，你是我难以忍受的饥饿。你永远不知道，你是我赖以呼吸的空气。你是不同的，唯一的，柔软的，干净的，天空一样的。你是纯洁的，天真的，玻璃一样的。什么也改变不了，什么也污染不了。阳光穿过你，却改变了自己的方向”。

（写于2012.12，上海）

8 从伦敦看大英帝国的衰落

我先后四次来过英国，有时出差、开会、旅游，有时讲学。每一次踏上英国总有不同的感受。从伦敦到巴士小镇，从布利斯托、格拉斯哥、爱丁堡、利物浦、谢菲尔德到伯明翰，可以说英伦三岛全部走过一遍。

漫步伦敦的大街，走在泰晤士河边，看着丘吉尔的铜像，脑海里浮现的却是日不落帝国曾经的辉煌。18世纪60年代它是世

界上第一个完成工业革命的国家，其统治的领土跨越全球七大洲，殖民地面积占全球陆地面积四分之一，人口总数占全世界的四分之一。像现在的澳大利亚、加拿大、印度、新西兰等国家，都曾是英国的殖民地。当年的大英帝国在一天中的任何时候总有一部分领土能够直接面对太阳，是真正的日不落帝国。

然而是什么使大英帝国崛起，又是什么使它衰落的呢？

翻看历史资料后发现，大英帝国崛起依靠三个关键因素：大航海时代、地理大发现和工业革命。大英帝国之所以成为大英帝国，无非就是把握住了大航海时代的便利，凭借手头工业化、现代化的武器，击败土著民族而形成的。文明等级处于劣势的原住民们无法抵挡英吉利的入侵，首先是土地被占领，其次是资源遭掠夺，最后是人民被同化。

但公平地说，在过去两百年的殖民历史中，无论是法属，葡属，西班牙、荷兰殖民地等，横向看还是英属殖民地发展得最好，社会文明程度较高，人民相对安定、富裕、幸福。英国殖民者给予原住民等同的公民权，让原住民们掌握部分现代文明，这改变了原住民的愚昧与落后。同时反过来，原住民也为殖民者提供了更好的服务和工作成果。殖民者为了获取更大的利益，间接地改变了原住民的文明程度，让本来处于极大不对等的双方慢慢缩小了差距。

那么日不落帝国是怎样走向衰落的呢？客观地看最早起来反抗大英帝国并获得成功的不是原住民，而是殖民者自己。出于对财富和权力的渴望，出于利益的争夺，殖民者和母国产生了矛盾，发生了斗争。比如美国的独立正是由于大英帝国这头饕餮吞噬自己，从此大英帝国的制度遭到撼动。在北美洲独立运动的鼓舞下，世界各国的殖民地纷纷掀起了独立浪潮。

深入研究发现，两场世界大战是大英帝国走向衰落的主要因素。一战的战火虽然没有殃及英国本土，但英国为此投入了大量人力、物力、财力，付出了巨大的经济代价。英国在一战的军费开支，几乎是正常年份英国军费开支的十倍以上。如此巨大开销让大英帝国财政拮据，捉襟见肘，不得不发国债向美国筹钱。一战前，英国是债权国，而战后却成了债务国。战前美国欠英国4亿英镑国债，战后英国反而欠美国8.5亿英镑。可见一战对英国消耗巨大！加上协约国法国、俄国和后来反水的意大利，都伸手向英国借钱。而借给沙俄的7.5亿英镑，因为沙俄的灭亡、苏联的建立而无人偿还。

更重的打击是，一战使英国丧失了在国际贸易体系中的主导地位。原本英镑被视为国际贸易中最重要的国际货币，但经过一战，英镑地位大幅下滑，美元成了新的国际货币。同时伦敦世界金融中心的地位也被撼动，美国纽约取而代之。一战使英帝国元气大伤，从巅峰走向衰落。如果说美国独立战争是第一次打败了英国，那么二战后，美国倡导的民族独立运动，第二次彻底打垮了英国。

一战后，德国为了摆脱凡尔赛条约的束缚，试图发动战争，改变自己的战争责任。而那时英国人却抱有侥幸心理，对法西斯的步步紧逼一味地妥协绥靖。英国人试图祸水东引，却没有料到战火烧到了本土。军事上的巨大消耗，让这个老牌帝国无法承受。它强迫其殖民地参战，大幅度加重对殖民地的剥削，使殖民地离心离德，纷纷独立，进而导致英国的实力大减。无奈之下不得不求助于美国，致使英国的经济严重依靠美国，甚至被美国控制。丘吉尔曾说："英国是背负着世界上最大的债务走出这场战争的。"经过两次世界大战的消耗，加上美国、苏联在这过程中有意挤兑和讹诈，其在新的世界格局中话语权大大缩水，衰落的结局已无法挽回。

二战后，世界的霸权被美苏两个寡头争夺。亚非拉的独立运动使得英国的海外殖民地越来越少，瓦解了大英帝国重新崛起的可能性。它所创建的英联邦变得更加松散，诸多成员国也仅仅是为了利益而保留了名义上的称谓。丘吉尔曾经说自己担任首相主持了大英帝国的解体。美国总统罗斯福也说过：美国参战不是为了保卫大英帝国。实力的逆转已经使英国只能在美国的庇护之下生存了。

一个偶然的机会我买到了泰勒所著的《英国史：1914—1945》一书。他在书中写道："在1914年8月以前，一个英国人，除了知道邮局和警察之外，无需注意到国家的存在，而可以平安度过自己的一生。英国人可以随意居住在任何地方，不需要官方的编号，也没有身份证。英国人可以周游列国或永远离开自己的国家，而不需要护照或任何形式的官方许可。英国人可以毫无限制地把手上的钱换成任何一种外国货币。英国人购买外国进口货就像购买国产货一样，无需另付关税。"那时的英国人过的是"神仙日子"。

19世纪是一个纵横捭阖、明争暗斗、风云际会的时代。上半叶，大英帝国显然是主角，而美国却在韬光养晦，静等坐收渔利的时机到来。然而英国人的手伸得太长了，众多殖民地给它带来了庞大的财富，同时消解着帝国的实力。

物换星移，夕阳西下，大英帝国的风采已经不在。当你问一个英国朋友这些问题，他们会自豪地说："英国曾经崛起过""我祖先曾经阔绰过"。

到此，我情不自禁地想起一首诗：往事只堪哀，金剑已沉埋，晚凉天净月华开。

（写于2014.3，上海）

9 探究荷兰“性都”的历史与文化

有一位洋人同事曾在荷兰工作生活过很长时间，他来到皇家理工（RMIT）后成为我的同事。我们一起联合培养过四位博士生。2007年，我在RMIT教龄满七年后，获得半年公费学术休假的机会。在他的建议下，我来到荷兰的（Delft University of Technology）访问交流一段时间。代尔夫特理工大学在航空航天领域世界闻名，被誉为欧洲MIT（麻省理工学院）。

学术休假是一个公费旅游性质的活动，给教师自由结识世界同行、交流学术成果的机会。可以自由选择去世界任何地方，没有具体任务。选择荷兰是因为荷兰在世界发展史上具有重要影响力，想实地感悟一下它的变迁。

事实上这是我第一次踏上荷兰的领土。金秋时节，飞机降落阿姆斯特丹（Amsterdam），在机场换乘火车，40分钟后抵达代尔夫特（Delft）。我的酒店坐落在老城区，道路狭小弯曲，不允许汽车行走。街巷用碎石铺就，表面粗糙度很大，根本无法拖拽行李箱滑行。我不得不扛着行李箱，走了很远来到住处。代尔夫特建城已有1 000多年的历史，被称为知识之城、大学之城。它夹在海牙和鹿特丹两座城市之间，是一座相当美丽的小镇。既古老又现代，宁静不缺热闹，传统不乏时尚。河道纵横，旧街小巷交错，安静而祥和。它还是荷兰皇室的起源地，遗存着皇室的奢华与高贵。

荷兰国土面积四万多平方公里，相当于我国重庆的二分之一，但是却有1 700多万人口，人口密度比日本还大，是澳大利亚的160倍。荷兰平均海拔负7米，也就是说荷兰人生活在海平面以下。所以有这样一个玩笑说法，荷兰人个子高（男女身高平均1.83米），是因为他们生活在深坑里，每天都需要伸着脖子往外看。荷兰到处是河流、湖泊水塘。风车安装在水边，不停地往外面抽水，否则就会被水淹没。

来到荷兰，我忍不住想起17世纪它的辉煌时期。那时候它的国力鼎盛，是当时世界上最强大的海上霸主。它一国的船舶总数比整个欧洲还要多，被誉为海上马车夫。正因为如此，它开启

了世界霸权的时代。在世界各地攻城略地，开展殖民运动。东亚的日本、菲律宾、马来亚、印度尼西亚、中国台湾地区等都曾经被荷兰侵占。荷兰发行过世界上第一张股票，建立了世界上第一个大型跨国公司“东印度”公司，有著名画家梵高。

荷兰是一个浪漫的王国，五彩的郁金香诉说着绵绵情语；荷兰是一个童话的王国，旋转的风车吟唱着童谣，敲打出动人的节拍；荷兰是一个艺术的王国，梵高的巨作承载了历史璀璨的星空；荷兰更是一个包容的王国，以合法开放的性文化闻名天下，被冠以“世界性都”之名。在这里毒品（大麻）、同性恋婚姻、安乐死都是合法的。这里的古城遗址的马路地砖上有一种符号，以特殊的方式指向妓院。

十几年前，我和著名媒体人陈静合作拍摄过一部大型20集纪录片《新移民的故事》。其中一集《大曝光》拍的就是一位华人女性在国外开设妓院的故事。当时许多场景、许多采访内容颠覆了我的世界观。因此，此次荷兰之行又让我燃起深入了解荷兰性文化的兴趣。

荷兰1999年通过了法律，实现了性交易的合法化。政府加强了对色情场所的规范管理，制定了很多规定，如必须装配报警器、安全套、冷热水。同时，也打击一些逼良为娼者、贩卖妓女者的犯罪。荷兰人认为社会必须充分尊重个人的人权自由，包括性权利。身体是自己的，个体有权利选择如何使用。同时，他们认为性产业能够促进经济发展，带动这里的旅游，带动人们的就业。把性产业合法化看作荷兰包容、开放文化发展的里程碑。政府有效的管理，使得性暴力犯罪率大幅度下降，也确实促进了旅游，带动了当地经济的发展。据联合国2016年估算，荷兰境内大约有25 000名性工作者。荷兰政府每年从行业中征得的税收超过7亿欧元。

性交易从业者在荷兰境内从业需要持证上岗，退休以后能领取相应的保险养老金。但严禁未成年人从事该行业。

阿姆斯特丹辖区内有两大红灯区，据说每年有大约420万的游客来此观光旅游。从事性工作的人，她们会特地在门口挂起一盏红灯，这些红灯意味着此处可以进行“皮肉生意”。高额利润使红灯越挂越多，以至于远远望去，一片红灯闪烁。成为了名副其实的“世界性都”。

性在人类历史上始终是一个敏感话题，既无法彻底扼杀，也难登大雅之堂。所以自性产业诞生以来，便始终处于一个灰色地带。想必每个去过阿姆斯特丹的人，都一定会对其独特的“橱窗文化”感到震惊。查资料得知，在阿姆斯特丹的红灯区中，至少有400个橱窗，超过1 000名性工作者。每当夜幕降临，她们便会在狭小的橱窗中亮起暧昧的粉红色灯光，不断摆弄着自己的身体。一旦有游客敲响橱窗，她们便会走出橱窗，与游客进行议价，只要双方觉得合适，便能直接进店体验一番。伴随着性产业的发展，在红灯区中甚至还衍生出了一些新型产业，如阿姆斯特丹性博物馆。虽然成立时间不久，但是馆内却收藏了各种各样的模型道具，吸引了无数的外国游客前往观光，成为世界著名的旅游景点。

值得注意的是，橱窗女郎虽然从事着特种工作，但她们的隐私却受到法律的保护，如在红灯区拍照是被明令禁止的。荷兰政府在拥挤的街道中安排许多便衣警察。一旦发现有人偷拍橱窗女郎，轻则没收相机，重则还会受到法律的制裁。

阿姆斯特丹红灯区逐渐成为世界著名旅游景点之后，催生了一系列的恶性事件。性剥削以及人口贩卖行为就是典型的案例。据说，一些人口贩卖组织，通过拐骗、绑架等手段迫使女性从事性交易工作。每年荷兰有近6 000人被卷入人口贩卖之中，这给整个社会的治安带来很大的隐患。

阿姆斯特丹中心位置屹立着一座黑人性工作者雕像，在性服务工作中心脏病突发去世。为了表彰这位妓女的“敬业”精神，政府特地在城市的正中央为其竖立了一座雕像，而这雕像的下面赫然写着“向世界性工作者致敬”几个大字，褒扬一位普通的性工作者。

荷兰的性教育有着其独特的方式，法律规定荷兰的所有学生必须接受各种形式的性教育。在孩子4岁时，学校便会对其进行性教育（孩子4岁开始上学）。他们认为性是所有人都必须要经历的一个过程。所以应该让孩子们尽早地了解、接触与性有关的知识。据相关数据显示，荷兰青少年第一次发生性关系的时间远比其他西方国家要晚。荷兰有超过90%的青少年在首次发生性关系时会主动使用避孕药具。荷兰的未婚少女怀孕、堕胎率，性病和艾滋病感染率都是全世界最低的。艾滋病的感染率比美国低了许多。正是因为性教育的普及，许多荷兰人都将性交易行为看作一种普通的工作，其性犯罪率远远低于欧洲平均水平。

（写于2007.3，墨尔本）

10 探究新加坡的崛起之路

记不清有多少次到访过新加坡，去新加坡讲学是我每年的固定节目。因为我所在的皇家理工大学与新加坡有一个联合培训项目，我有许多研究生在新加坡，不得不定期前往执

行任务。再后来去新加坡就是参加航展，或者与南洋理工大学和新科宇航合作。最近的一次是中国新冠疫情前，我前往新加坡参加世界设计大奖“红点”的颁奖典礼。因为我领导的设计团队荣获三项红点设计奖，让我无比自豪地走了一次“红地毯”。

然而，每次从新加坡回来都让我陷入思考。为什么一个华人社区在狭小空间里，在极度缺乏资源的情况下，短短几十年里突变成亚洲最富裕的地方，变成一个举世闻名的发达国家，人均GDP连续多年亚洲第一。人民富裕安康，国家廉洁高效，环境优美宜人。新加坡在当今激烈竞争的国际经济大环境中，是如何在东西方文明碰撞中，形成独特的发展道路，引领国家走向繁荣的？新加坡的成功范例对我们有哪些启示呢？带着这些疑问我开始探究相关答案。

新加坡的近代历史大致分为三个阶段：

（一）英国殖民时期。早在1819年英国人史丹福代表英国东印度公司登陆新加坡，开始在新设立贸易站。1824年，两项条约使新加坡正式成为英国属土，受英国直接统治，成为英在远东的转口贸易商埠和在东南亚的主要军事基地。新加坡作为自由港，吸引了来自周边各国的移民：以华人为主，包括马来人、印度人和欧裔人等。

（二）日据时期。1941年日军出其不意地攻击并占领新加坡。在3年的日军侵占时期，有约20 000 ～ 50 000名华人惨遭杀害（新加坡大屠杀）。二战结束后，新加坡恢复英国管辖。直到1959年，新加坡才取得自治地位，成为自治邦。但英国仍然保留国防、外交、修改宪法、宣布紧急状态等权力。

（三）新马合并与自治独立时期。到了1963年，经过全民投票新加坡与马来亚、沙巴、沙捞越共同组成马来西亚联邦。然而两年后，新加坡却与马来西亚在民族问题和经济利益上发生矛盾，在1965年8月，马来西亚国会以全票通过的结果，宣布驱逐新加坡。新加坡被迫宣布独立。

自从1965年独立以后，新加坡在不到30年的时间迅速崛起，从第三世界跨入第一世界，进入世界发达国家行列，创造了“新加坡奇迹”。使得“新加坡在最小的国土面积上，创造了最大的发展空间，赢得了最大的经济成果，得到了最大的国际声望”。这到底是为什么呢？首先，新加坡的崛起绕不开他的国父李光耀。是他审时度势的战略眼光，纵横捭阖的战略选择，以及卓越的领导能力造就了新加坡。李光耀父辈祖籍广东，他从小家境良好，聪明过人，接受了很好的西式教育。16岁就考上了英国剑桥大学。懂得四门语言：英文、日语、马来语和汉语。日占时期，李光耀作为抗日积极分子，凭借着流利的日语和英语，成了一家报社的日文翻译员。李光耀在剑桥学的是法律，在新加坡开律师事务所。他通过帮人打官司声名鹊起，积累了一定的政治声望。1954年，李光耀成立了人民行动党，并任秘书长，后来还当上了立法议员。1959年新加坡抓住机会宣布摆脱英国统治，年仅35岁的李光耀当选新加坡第一届自治政府的内阁总理。然而当时的新加坡，严重缺乏资源，他一直希望能与马来亚合并成立“马来西亚”。经过多方努力，1963年，新加坡和马来亚合并成为马来西亚联邦。但合并后马来西亚的种族沙文主义导致新加坡华人广受排挤。1965年，马来西亚当局出于某种忧虑强行把新加坡踢出马来西亚。新加坡脱离联邦后，当年的李光耀和他领导的人民行动党，为了留在马来西亚曾经多次请愿，嚎啕大哭。因为他担心新加坡这个弹丸之地，没有自然资源，没有工业，传统的港口贸易日趋式微，内部又有民族冲突和不断的暴乱，旁边还有虎视眈眈的印尼，新加坡难以生存。

如何在强国如林的环境中求得生存？李光耀想到的第一件事就是寻求国际社会的承认，加入联合国。紧接着他抱上英国大腿，成为英联邦成员国。英联邦是个松散的组织，但李光耀希望能得到英国安全上的保证。他向侵略过这块土地的日本学习社会管理。他向以色列学习全民兵役，组建自己的武装部队。在外交方面，他向瑞士学习，搞外交中立，在国际社会上不惹事、不树敌，一门心思发展经济。李光耀强令学校进行英语教育，全面向西方学习和靠拢。他在执政中建立依法治国的社会体系，注重打击腐败，赏罚严明。这一套组合拳打下来，新加坡慢慢变得繁荣了起来。当中国进入改革开放后，李光耀又敏锐地察觉到东方大国即将崛起，马上在全国推行讲汉语运动。在不到五十年的时间里，新加坡解决了一系列内忧外患，在经济上进入了第一世界的方阵，获得了极高的国际地位。

李光耀是个实用主义者，不相信自由和民主能给国家带来繁荣。在他带领下新加坡一直走的是一条权威主义精英治国的道路。新加坡占据“海上生命线”马六甲海峡，自然受强国觊觎。李光耀懂得利用大国之间的制衡，合纵连横夹缝求生。政治上，由李光耀领导的人民行动党对新加坡实行一党专政，严刑峻法。

一切以法律为准则，依法治国，以法教民。其行政内容公开透明受国民监督，对腐败也绝不手软，反腐机构直接由总理负责。

李光耀还反对民族主义，新加坡是华人为主的国家，但并没有把华语当作第一语言，而是英语。加大执政官员中少数民族的比例，致力于打造一个多元化的社会。以上几点都为新加坡打造了一个良好稳定的发展环境。在经济方面，李光耀深知，一个岛国想要发展，一没资源，二没纵深，只能靠外贸。必须在航运、石油化工、电子、金融等领域深耕发展。政府宏观把控，用各种优惠政策招商引资。新加坡在国家战略中确定了科技创新、精密制造、人才吸引等方面的重要地位，着力打造有利于科研创新的生态体系。在电子科技、数字经济、人工智能、生物医疗等科技领域，新加坡都处于全球领先地位。很多世界顶尖科技企业都将研发中心或亚太总部迁移至新加坡。据毕马威调查，新加坡在全球科技创新领域排名第一。

经过几十年的高速发展，新加坡最终成为人类发展指数很高的发达国家，成为国际金融中心、创新高地。我们现在看到的新加坡，从最初的亚洲四小龙中脱颖而出，成为最闪亮的一颗亚洲之星。

（写于2017.5，上海）

11 大疫当前，许你安然

持续三年的新冠疫情（2020—2022），让国民封闭在家，不得外出。人们的精神出奇地压抑。2022年圣诞节的钟声，敲打着上海前所未有的、空荡寂寥的夜空，人们学会了静默生活。所有的喧嚣和浮华都被病毒所吓倒，人们龟缩在家里，躲避着或经历着病毒的折磨。每个人都在恐惧和祈祷中煎熬，等待着

冬去春归，期盼着苦尽甘来，回到正常生活。也有许多人没能熬过这波疫情（新冠病毒），撒手人寰，令人哀痛唏嘘！

作家余华说过：“最初我们来到这个世界，是因为不得不来；最终我们离开这个世界，是因为不得不走。”

有人说少年如溪清澈，青年如河奔涌，中年如湖沉稳，老年如海有容。坎坷人生路，风雨几十载，历尽世事沧桑，阅尽人间百态，心量越活越大，心胸愈活愈阔，心境越活越淡，最后海纳百川。我想这当是生命的最后圆满。风雨云烟，日月尘寰，人总是在历尽岁月艰辛，尝尽生活之苦，悟尽世事之难，知尽人间冷暖，最后才离去。

细数流年，回眸岁月，过往的千回百转，到最后都成了风轻云淡的往事。人生聚散无常，失去的，其实根本未曾拥有。而得到的其实也终将会失去。学会淡定和从容，只有放下才会轻松。心在路上，路在心里，惟愿伴你日升日落，陪你边走边悟，且行且惜。未觉池塘春草梦，阶前梧叶已秋声。人生若只是初见，何事秋风悲画扇。谁不想左携远方，右擎清风，云想衣裳，北倚阑干？可滚滚红尘，沧桑岁月，让我们远去了嗅梅浅笑，剩下了露浓花瘦。所有的一切终将化作风雨遥，清风笑，一缕云烟，一襟晚照。

我不想沉浸在“落花流水春去也”的感伤里，更不想沉沦在“秋风秋雨愁煞人”的悲叹中。我想每天拥抱自己的灵魂，和自己的心在一起，活成自己喜欢的模样。命运给予的一切都要从容地扛着往前走，雨下得再大，也有停下的时候，冬天来临了，春天就在后面。生命永恒的价值之美，不避实就虚、不纠结于过去。所以无论生命处于何种状态，我们都要有一颗清醒的心，一份睿智的情。去浅语岁月，笑唱流年。我们是天地的过客，是世间寄居的客旅。率性自我，快乐生活，别刻意留住什么，让生命行云流水，顺其自然地走过一季又一季，迎来一年又一年。潇潇人生，朵朵浪花。幸福就是一碗白开水，不要羡慕别人喝的饮料有各种颜色！生命就是一种修行！

2023新年款款而来，我将从容以待。生活如水，欲望似糖，不是糖越多，水就越甜。人生的味道，淡才持久，岁月的叠加，净才能静。该走的路一定要走，无论平坦还是泥泞；该历的劫也要坦然地历，那是修行路上的自渡。面对时光荏苒，不困于情，沐雨栉风，踏歌而行。不忧伤青春遗失，一岁年龄一岁心，一朝一夕皆可亲。人生就是一个过程，向阳而生，从容以待，来时清欢，去亦圆满。如果说活着是一种生命的存在，那么，灵魂和精神的力量，就是生命的意义。

生下来是幸运，即便我们活得不尽如人意，即便我们有千万个理由去抱怨生活，去诅咒命运。但属于每个人的生命只有一次，能够活着，就是最大的幸运！活着，是生命最高的荣誉！

岁月清浅，许你安然。大疫当前愿天下所有人：平安夜，平安！

（写于2022.12.25，上海）

第三篇

游读世界

1　感悟梦幻小镇周庄

初春时节，皇家理工大学校长（Subic）来上海访问。老朋友相聚，不亦乐乎。巧遇星期天，我带他去周庄看看，并在那里住一晚，体验江南水乡的夜。

周庄位于苏州城东南，从上海驱车需要一个半小时。周庄的形成至今已有900多年的历史。据说北宋年间（1086）周迪功将自家宅地200余亩捐于当地全福寺，始称周庄。元代中期，沈

万三利用周庄水运之便，通番贸易，周庄因此成为其粮食、丝绸、陶瓷、手工艺品的集散地，成为江南巨镇。清康熙初年正式定名为周庄镇。

周庄因河成街，呈现一派古朴明洁的幽静，是江南典型的“小桥、流水、人家”。虽历经沧桑，仍完整地保存着原有水乡古镇的风貌和格局，宛如一颗镶嵌在淀山湖畔的明珠。周庄最为著名的景点有富安桥、双桥、沈厅。富安桥是江南仅存的立体形桥楼合璧建筑；双桥则由两桥相连为一体，造型独特。桥面一横一竖，桥洞一圆一方，错落有致，宛如一把大锁将两条小河紧紧地锁住。沈厅为清式院宅，整体结构严整，局部风格各异；全镇桥街相连，依河筑屋，小船轻摇，绿影婆娑，返朴归真的游人会情不自禁地吟诵 :“吴树依依吴水流，吴中舟楫好夷游。”

小桥流水人家是水乡的特色，在水乡几乎家家都有自家的码头。周庄还有一景就是“轿从前门进，船从家中过”。“船从家中过”是指张厅的院落中间有一条小河“箸泾”流过，在张厅的院子里有一个水池，可以在那里会船和卸货。

周庄号称江南第一水乡，深宅大院，重脊高檐，河埠石街，翠竹石栏，临河水阁，古朴幽静。仿佛将江南所有的灵气汇聚到一起，呈现于古镇。烟雨江南是江南景观的一种常态，透着朦胧和迷离。周庄，不需要任何附加的条件，随处观赏都能看到一幅画面。这景让我想起云南丽江的束河古镇，何其相似。然而周庄的情景更美，河堤垂杨袅袅，乌篷船摇着绿荫，穿过桥洞，现出古镇居民黝黑的脸庞。

走在周庄的街道上，那拱起的石桥，仿佛是连接图画的通道，不时将人送到水墨画中，让你总有意想不到的惊喜。那楼堂大院之中，隐藏着多少历史沧桑和前朝风韵。周庄，需要你用心去听，你才能读懂它的心灵。需要你用心去看，你才能明白它的用意。它如同一个环环相扣的棋局，步步皆景，总有说不尽的风流。古韵依依，沧桑碧玉，江南灵秀，玉汝于成。

入夜乘一只小船，让桨轻轻划拨。时间刚过九点，周庄就早早睡了。没有喧闹的人群，也没有狗吠的嘈杂。周庄静静地睡在水上，水便是周庄的床。床很柔软，有时轻微地晃荡两下，那是周庄变换了一下姿势。我坐在桥上，就这么静静地看着周庄。从一块石板、一株小树、一盏灯笼，到一幢老屋、一道流水。这么看着的时候，就慢慢沉入进去，感到时间的流动。水巷深处，太容易让人生出幻觉。是哪家屋门开启？走出一位苍髯老者或纤秀女子？

人到周庄，都会陷入一个梦境。这个梦的种子，便叫江南。期待什么时候再来周庄，携着爱人的手，漫步在这江南水乡的烟雨朦胧之中，写一幅宁静的图画。

清晨，朝阳穿破薄雾，洒在青石板上。回程的路不免感伤：风欲转，柔态不胜娇。远翠天涯经夜雨，冷痕沙上带昏潮，谁梦与兰苕。

（写于2014.5，上海）

2 童话之旅——布拉格(*Prague*)

2013年“五一”劳动节长假，我携家人来到向往已久的东欧国家捷克斯洛伐克首都布拉格（Prague），开展一次中世纪童话和古典音乐浪漫之旅。因为布拉格是少数几个在第二次世界大战中没有被战火蹂躏的城市。它奇特而神秘的古建筑被完整地

保留了下来，这是我心驰神往的原因之一。

德国大哲学家尼采说过：“当我想以一个词来表达音乐时，我找到了维也纳；而当我想以一个词来表达神秘时，我只想到了布拉格。”的确，我就是带着探秘的心情，和家人一道踏上了布拉格的土地。

布拉格是捷克共和国的首都和最大的城市，位于伏尔塔瓦河流域，地处欧洲大陆的中心，面积约500平方公里，人口约为100万。地形波状起伏，气候为典型的中部大陆型气候。布拉格是一座著名的旅游城市，市内拥有为数众多的各个历史时期、各种风格的建筑，其中特别以巴洛克风格和哥特式风格更占优势，号称欧洲最美丽的城市之一，也是全球第一个整座城市被指定为世界文化遗产的城市。

布拉格在奥匈帝国拥有举足轻重的地位。当时也曾是一个多民族混居的城市，多元文化是其显著特色，不过经过两次世界大战之后，布拉格已经基本上成为单一捷克民族的城市。在冷战时期，布拉格又发生过数次震动世界的事件：1948年共产党上台、1968年的布拉格之春和1989年的天鹅绒革命。这里是众多悲欢离合故事的起点和终点，这里浓缩了捷克艺术的精华和历史的悲欢。它璀璨高雅的美丽，也带着一丝淡淡的忧郁。它有莫扎特和维瓦尔第的音乐，有卡夫卡和米兰昆德拉的小说，是一个艺术和梦想交织的地方。

在布拉格旅游最好的交通方式是漫步，可以慢慢地体会这座城市的心跳和脉搏。同时，你几乎可以走进任何一家高级餐厅和咖啡馆，因为他们的价格通常都在你可以接受的范围之内。捷克啤酒不仅特别好喝，而且价格是所有饮料里最便宜的，比矿泉水和可乐都低，真是难以置信。布拉格的帅克餐厅是捷克著名小说《好兵帅克》的主题餐厅，装饰透着浓浓的捷克本土特色，主营传统中欧烹调风格的菜肴，坐落在老城和犹太区的交界处，深受当地人和游客的欢迎。

火药塔是布拉格老城的一座哥特式城门，是该市的地标性建筑物之一。修建于1475年，是以查理大桥旧城桥塔为模型而设计建造的，也是布拉格的13座城门中唯一保存下来的一座。最初兴建时，它是当时市议会送给国王的加冕礼物。火药塔对于君主们很重要，直到1836年之前，他们都要通过此门前往圣维特主教座堂加冕。老城广场周围那些建筑几乎每一座都有着奇特而美丽的名字和独特的装饰，比如石羊屋、公牛屋、可怜人屋、独角兽屋、蓝星屋等等。仅仅这些名字就能让人联想到它们背后隐藏的神秘故事。

每天旧市政厅大楼下都会聚集很多人，大家都兴奋地望着高处那两面巨大的闪着金属光泽的天文钟。因为每当天文钟上的指针移向正点，钟面上就有两个木偶出来拉动钟绳，接着钟上角的两个小窗口突然打开，从里面出来耶稣的12门徒雕像，在窗前依次缓缓转过，清脆的钟声随之响起。这是来布拉格不可错过的景致之一。可是当你知道了它背后的真实故事后，你就会有许多忧伤：1410年，当天文钟完工后，自私贪心的执政者为了不让钟的设计者以后造出更好的钟，居然派人弄瞎了设计师的双眼，悲愤的设计师最后跳进了自己设计的天文钟，结束了生命。

布拉格有句俗话：没有走过查理大桥就不算到过布拉格。建于1357年的查理大桥是伏尔塔瓦河上最著名的桥，几乎成了布

拉格的象征。伏尔塔瓦河将布拉格一分为二。一侧是老城，布满各个时代的华丽建筑，一侧是起伏的山丘，上面点缀的是布拉格城堡。查理大桥上有许多雕像，其中第8尊圣约翰的前面有很多游人等着抚摸雕像底座上的两个金属浮雕，据说这样可以向圣人许个心愿。桥上有许多小摊商贩，可以买到各式艺术品，观看各种表演，如人像和风景写生、泥塑和泥塑画、特色乐器演奏、提线木偶表演、民间首饰等等。太阳下的石头桥栏，古朴美丽。河面上婀娜多姿的天鹅，时而翘首，时而俯瞰，时而展翅飞翔。

查理大桥的另一端通往著名的布拉格城堡。夜晚坐在河边遥望对岸，昏黄的灯光照耀着河面，城堡宛如悬在半空一样。整个城堡作为捷克的总统府，除正在使用的办公区，其他部分都免费开放。它内部华丽、外部宏伟，窗户上的细腻绘画以及教堂内各种雕塑，都堪称是世界的奇迹。

正是由于布拉格的美丽与历史价值，二战期间，连德国法西斯头子希特勒都刻意保护它。他曾下令，不允许任何炸弹掉落在布拉格的上空。与列宁格勒和华沙相比，布拉格是多么的幸运，这是人类共同的瑰宝。

五天的布拉格行程，了却了我人生的一大愿望。

（写于2013.10，上海）

3 魁北克市印象

从加拿大蒙特利尔驱车向东3个小时，抵达魁北克省的首府魁北克市（Quebec City）。

秋天的加拿大，到处金灿灿的。漫无边际的大森林，抛洒着片片枫叶。魁北克市是一个奇特的地方，在一个讲英语的国家里，有一片法国人的天地，居民讲法语，用法国的部分习惯和法律，到处是法国的建筑和标志。大有城中城、国中国的感觉。

要搞清事物缘由，就需要翻看它的历史。16世纪，法国人梦想发现并统治更多的疆域，扩展他们的贸易范围，并让更多人信奉他们的信仰。1535年，当时的法国国王弗朗索瓦一世命令航海家杰克斯·卡蒂埃尔（Jacques Kartier）去探寻“新世界”，以求找到一条通往印度的航道。卡蒂埃尔首次探险来到了圣劳伦斯海湾。这时他并不知道会在这里发现什么，但他希望这是大洋的一个分支，并是他通往远东征程的必经之路。于是他沿圣劳伦斯河逆流而上。然而他并没有到达所期盼的亚洲，却来到了魁北克（Québec），当地的印第安人称它“kanata”，也就是英文里的Canada，这个名字一直沿用到17世纪初期。

从16世纪起，加拿大沦为法、英殖民地。1756—1763年期间，英、法在加拿大爆发“七年战争”，法国战败，而1763年的《巴黎和约》使加拿大正式成为英属殖民地。魁北克在1791年被划分成上加拿大（Upper Canada）和下加拿大（Lower Canada）。上下加拿大于1841年再次统一，成为加拿大省（Province of Canada）。1867年，英将加拿大省、新不伦瑞克省和诺瓦斯科舍省合并为一个联邦，成为英国最早的自治领地。此后，其他省也陆续加入联邦。

1926年，英国承认加拿大的“平等地位”，加拿大始获外交独立权。1931年，加拿大成为英联邦成员国。1982年，英国女王签署《加拿大宪法法案》，加议会获得立宪、修宪的全部权力。自此，加拿大事实上从英国独立。联邦成立时，将新国家定名为加拿大。

魁北克城位于加拿大东部，在圣劳伦斯河与圣查尔斯河汇合处，是一个要塞和具有重要意义的港口。悬崖峭壁将该城划为上城和下城两部分。上城是宗教活动区和行政管理区，四周有城墙环绕，集中了许多豪华宅第和宗教建筑；下城则为港口和古老的居民区，上下两城由一条空中缆车连接。在这里，圣劳伦斯河面收缩到不足1 000米宽，形势险要。魁北克城犹如一头雄狮，扼守着这条水路的咽喉要道，因此，它素有“北美直布罗陀”之称。“魁北克”在印第安语中就是“河流变窄处”的意思。当年英国人在这里突袭法国人，夺取了控制权，使得法国人至今耿耿于怀。

魁北克省地域辽阔，面积达166万平方公里。它的面积相当于三个法国或五个日本，是英国的7.3倍。魁北克南部边界和美国相接，西部达到渥太华河和安大略省，北以詹姆斯、哈德孙和昂加瓦三大海湾为界，东面是拉布拉多和圣劳伦斯湾。魁北克土地约一半被森林覆盖，80%的人口生活在南部圣劳伦斯河沿岸地区。那里气候宜人，四季分明。春季风和日暖，夏季艳阳高照，秋季色彩斑斓，冬季白雪皑皑。

魁北克城分新城区和老城区两部分。老城区占地为城市面积的5%，城中是一排排石头砌成的房屋和石铺的狭窄而曲折的街道。远望古城，房屋、仓库、商店层层叠叠，宛如一个庞大的迷宫。1985年魁北克老城区被列入世界遗产名录。在本区700余座古老的民用及宗教建筑中，2%为17世纪的作品，9%属于18世纪，另有43%建于19世纪上半叶。魁北克是北美堡垒式殖民城市的完美典范，同时又是近代美洲殖民化及其发展的关键地点之一。

新城区是省、市行政机构所在地和主要的商业区和住宿区。高楼林立，商业繁荣，一派现代化城市风貌。由加拿大统计局进行的一项调查研究显示，魁北克城居民寿命长、健康状况好，被评为加拿大最健康的城市。

魁北克市是北美最具欧洲色彩的城市，若单用一个“美”字来形容魁北克城，总嫌不够，春天赏河，夏天赏花，秋天赏枫，冬天赏雪，一年四季，游客络绎不绝。

自1977年，魁北克人党赢得省选，魁北克一直在闹独立。他们颁布了《法语宪章》（又称101法案）。此法案确立了法语在魁北克作为唯一官方语言的地位，小孩子上学必须学法语，意欲驱赶英国人或说英语的人离开，此法案备受争议，也无济于事。当今社会，英文已成为世界语言，若英文被取消，我不知道魁北克怎样融入国家，如何生存。大批的工业和机构纷纷离开魁北克，这里将被边缘化。

所以一些短视的政客，打着民主的外衣，民主变民粹，实则危害极大。

（写于2005.5，墨尔本）

4 走进洛杉矶

相隔多年，我又一次来到洛杉矶，不免有点兴奋。过去几次到洛杉矶，不是转机就是开会，匆匆忙忙，几乎没时间四处走走。这次休假，让我有机会深入领略洛杉矶的地理、文化和历史。

洛杉矶在我的脑海里是个响亮的名字，像纽约、巴黎、伦敦、东京、首尔一样，闪烁着各种光环。人们一听到好莱坞、迪士尼等名字，都有肃然起敬的感觉。它成为美国文化的象征，成为美国的科技、文化、娱乐集散地。

提起洛杉矶，那优美的长滩，富豪聚集的比福利山庄等，无不充满着诱惑。然而，从飞机舷窗往下看，洛杉矶像中国西部的戈壁沙漠，灰蒙蒙一片，看不到任何成规模的森林和绿地。映入眼帘的是规划整齐的马路和社区，巨大而恢宏。从中国大陆来到澳洲大陆，从欧洲大陆又来到美洲大陆，心中免不了暗自比较。洛杉矶自然条件实在不好，它凭什么成为世界的中心，产生着巨大的影响力?

研究一下历史发现，洛杉矶始建于1781年，现在是仅次于纽约的美国第二大城市。濒临浩瀚的太平洋东侧的圣佩德罗湾和圣莫尼卡湾沿岸，背靠莽莽的圣加布里埃尔山，人口1 700万。1769年，西班牙远征队为寻找开设教会地点来到这里。1781年在此建镇，并把这里称为“天使圣母玛利亚的城镇”，后简称“天使之城”（西班牙语的音译即洛杉矶）。洛杉矶原为印第安人的牧区村落，1781年成为西班牙殖民地。1818年美国人首次到此。1821年归属墨西哥。1846年美墨战争后割让给美国，成为美国领土。1848年西部“淘金热”吸引来大批移民。1850年设市，同年加利福尼亚成为美国第31个州，当时洛杉矶人口仅1 600人。

19世纪末20世纪初，随着石油的发现，洛杉矶开始崛起，迅速发展成美国西部最大的城市。第二次世界大战后，现代工业的崛起，商业、金融业和旅游业繁荣，移民激增，城区不断向四周扩展，洛杉矶成为美国的特大城市。现在已成为美国石油化工、海洋、航天工业和电子业的最大基地。它是美国科技的主要中心之一，拥有科学家和工程技术人员的数量位居全美第一，享有“科技之城”的称号。著名的硅谷就坐落这里。加利福尼亚州是世界第8大经济体，而洛杉矶一个城市是世界第20大经济体。如何了得！

洛杉矶市区面积广阔，布局分散，整座城市是以千千万万栋一家一户的小住宅为基础，市中心有十几幢数十层的高楼。高速公路与城市街道纵横交错、密如蛛网，四通八达。道路面积占全市面积百分之三十左右，是美国高速公路最发达的城市，也是全美拥有汽车最多的城市。洛杉矶的文化和教育事业也很发达。这里有世界著名的加州理工学院、加利福尼亚大学洛杉矶分校、南加利福尼亚大学等。其公共图书馆藏书量居全美第三位，还是世界上屈指可数的举办过两届夏季奥运会的城市。洛杉矶是美国西部最大的工业中心，制造业产值约占加利福尼亚州的1/2，居美国第三位。它还有设备现代化的深水海港。

大量的移民使洛杉矶成为一个多民族、多种文化色彩的国际性城市，少数民族占全市人口的一半左右，并拥有众多移民社区。各色人种聚居的地区，形成了各自的“城”。约有40万华人聚集在这里。但是不同种族混杂也使到洛杉矶和其他美国大城市一样，种族问根深蒂固。1992年便发生了黑人对抗白人警察滥用警权的大暴乱，史称“洛杉矶暴乱”。

在洛杉矶生活一段时间后，我的心里产生巨大落差。响亮名字的背后隐藏着许多阴暗。加州是个巨大的经济体，可政府几乎破产，许多公共事业难以为继。马路很宽，但坑坑洼洼年久失修，乱糟糟，脏兮兮。美国人虽说富裕，可到处是无家可归者，沿街乞讨者。搞不清他们的钱到底跑到哪里去了。洛杉矶严重缺水，一年只有三十几天下雨。远远看去，光秃秃，灰蒙蒙，没有一点绿色，只是白刺刺的沙丘和青石，荒凉一片！何谓天使之城！

我实在搞不懂美国和美国人的事，这繁荣凭何而来。

（写于2012.10，上海）

5 登临“中途岛号”航母

十几年前，有幸在洛杉矶工作一段时间。周末无事可做，便想到停泊在圣地亚哥的中途岛航母。作为一个航空人，对中途岛号有着特殊的好奇和兴趣。和朋友磋商，一大早便驱车前往圣地亚哥，一睹它的芳容，实地探寻它的构造和历史。

圣地亚哥是美国西南边境海港城市，位于加利福尼亚州与墨西哥交界处，西临太平洋圣地亚哥湾，北距洛杉矶约160公里，为美国西海岸唯一天然良港，地理位置重要，美国海军第3舰队司令部及所属许多部队的司令部都驻扎在此。

中途岛号航空母舰是美国第一艘具有装甲飞行甲板的航空母舰，也是美国第一艘最大宽度按能通过巴拿马运河要求设计的战舰，改装后排水量6万吨，约有4 000名船员。

中途岛号在1943年开始建造，1945年下水，并于日本投降后一个月服役，已无缘参与第二次世界大战。随后中途岛号一直在大西洋及地中海执勤，并在朝鲜战争期间重编为攻击航母（CVA-41）。朝鲜战争结束后不久，中途岛号转到太平洋舰队服役，并在途中参与了大陈岛撤退。再后来中途岛号进行SCB-110现代化改建，增设斜角飞行甲板。

改建后中途岛号转到太平洋舰队服役，并在老挝危机期间到南中国海警备。1965年后，中途岛号多次前往西太平洋，参与越战，并在期间进行SCB-101现代化改建。1973年起，中途岛号开始以日本横须贺为母港，并在越战结束前夕，参与了西贡的撤侨行动。1975年，中途岛号重编为多用途航空母舰，舷号改为CV-41。

越战后中途岛号主要在西太平洋、印度洋及阿拉伯海三地执勤。伊朗人质危机及两伊战争期间，中途岛号均曾到波斯湾戒备，并在战争后期为科威特油船护航；光州事件后中途岛号又曾与珊瑚海号到济州岛外待命。1989年菲律宾发生政变，在阿基诺夫人的请求下，美国派中途岛号等到菲律宾外海警戒，最终迫使政变流产。退役前夕，中途岛号参与了海湾战争，空袭了入侵科威特的伊拉克部队。

1990年中途岛号在日本近海补油期间发生意外，使舰体先后发生两次爆炸，造成舰上三人死亡，九人重伤，大火几天才扑灭。为此中途岛号不得不返回横须贺维修。服役四十多年后，中途岛号于1992年退役，并在1997年除籍。中途岛号航空母舰在47年的使用期间作战飞机起飞20 000多架次。共有20多万名美国海军官兵为其效力，是美国海军历史上服役时间最长的航空母舰之一。在其服役生涯一共四次获颁海军集体嘉奖。2003年美国海军将其捐赠给民间组织，改装为博物馆舰，于2004年6月在加州圣地亚哥开放。

中途岛号航空母舰曾是美国海军航母中的“三朝元老”，和福莱斯特级航空母舰和小鹰级航空母舰一起构成了美国战后的三代常规动力航母，尽管没有参加二战，但却作为主力参加了朝鲜战争、中东危机以及海湾战争。

（写于2013.9，洛杉矶）

6 尼亚加拉大瀑布

来到多伦多，就必须去举世闻名的尼亚加拉大瀑布（Niagara Falls）看一看，从多伦多驱车只需一个半小时到达目的地。秋天的加拿大，遍地枫叶、一片金黄、天高云淡、绿草如茵，令人沉醉。

尼亚加拉大瀑布（Niagara Falls）是世界七大奇景之一，瀑布所在地叫Niagara Falls，与瀑布同名，位于加拿大和美国交界的尼亚加拉河上。对岸的美国小城叫水牛城。一座彩虹桥把两座Niagara Falls连在一起。这座桥也根据河内边界而划分，一端属于加拿大，一端属美国。游客在桥上一脚踏一边，可以得意地说："我同时踏在两国的国土上了！"

沿着尼亚加拉河畔的街道前行，最先见到的是前方升腾的水雾，再往前可以听到瀑布的轰鸣声。尼亚加拉瀑布由两个瀑布组成，被Goat Island隔开。一个在美国境内，一个在加拿大境内。水雾升腾的地方是加拿大瀑布。

美国一边较大的瀑布称为美国瀑布（American Falls），在美国纽约州境内，高达50米，瀑布的岸长度为305米。在美国瀑布旁边有一个鲁纳岛，水流又被一分为二，分出了一条宽80米，落差50米的小瀑布，因其水流较小，飞落化雾如同一位带着面纱的新娘，故称"新娘面纱瀑布"。

最大的瀑布在加拿大一侧，称为加拿大瀑布或马蹄瀑布（Horseshoe Falls），在加拿大安大略省境内，高达56米，岸长约675米。不过这两个瀑布的高度和幅宽是随水量的变动而变动的。两个瀑布的水源来自同一处，可是只有6%的水从美国瀑布流下，其他94%的水是从马蹄瀑布流下。马蹄瀑布的水量大，水冲到河里呈青色，而美国瀑布的水则呈蓝色。尼亚加拉瀑布的水在尼亚加拉河下游形成了一个长湖，主航道是加美领水分界线。

虽然两个瀑布有一个在美国境内，但真要是欣赏瀑布，还是加拿大这边角度更佳。尼亚加拉河水从瀑布落下后优雅地转了个弯，因此在美国只能看到瀑布的侧影。

我们乘电梯到达位于加拿大一侧的马蹄瀑布的底部，观赏马蹄形瀑布，在扑朔迷离的水雾之中去领略惊心动魄，听其声如雷电轰鸣，观其势如排山倒海，令人震撼！

（写于2012.10，上海）

7 大美千岛湖

世界上有三处地方叫千岛湖。一个在浙江省杭州市淳安县境内，是新安江水电站的人工湖，1955年始建，在最高水位时拥有1 078座大于0.25平方公里的陆桥岛屿。第二个千岛湖坐

落在湖北黄石。其实它原先就叫千岛湖，为了避免与杭州千岛湖重名，后更名仙岛湖。第三个千岛湖在加拿大渥太华西南200多公里的金斯顿（Kingston）。此三湖并称为世界三大千岛湖。

2012年秋天的加拿大风光旖旎，漫地枫叶，一片金黄。我从蒙特利尔（Montreal）驱车来到金斯顿（Kingston）大约花4个小时。千岛湖是安大略湖和圣劳伦斯河的汇合处。湖水清澈平缓，湖面巨大，蔚为壮观。金斯顿由于地处五大湖的连接处，所以也被称为“水城”，在很久以前曾是知名的水运要塞，也曾是加拿大的首都，由于离美国太近，后来迁都渥太华。而千岛湖的千岛则是指圣劳伦斯河与安大略湖相连接的河段，散布着1 800多个大小不一的岛屿，最小的只是一块礁石，大的数平方英里。加拿大对岛的定义很有意思，只要有2棵树可以生长的露出水面的土地，就可以被称为岛。这些岛屿如繁星般遍布在圣劳伦斯河上，宛若童话中的仙境。

千岛湖中心有一个两国分界线，南岸是美国的纽约州，北岸则是加拿大的安大略省。大部分岛屿在加拿大境内，而美国拥有的岛屿大都面积大并有深水水道通往大湖。加拿大一侧的金斯顿码头是客轮去千岛湖览胜的地方，绕湖一周约3个小时。从码头出航不远，有一座连接美、加的国际大桥横跨千岛湖上，犹如一条天然彩虹，为千岛湖增加了几分娇艳。圣劳伦斯河是加拿大的极为重要的内陆河，在加拿大早期历史中，欧洲人就是利用这条河流把和印第安人交易的毛皮运回欧洲，所以对加拿大的影响深远。

千岛湖是北美富豪聚集的地方，很多人在此购岛建别墅，来

此度假。一个有趣的故事就是美国通用汽车公司的总裁，购买了在美国境内的一个小岛。他嫌这小岛太小了，又买了在加拿大境内的一个小岛，在岛上建了很堂皇的度假屋。他在两岛之间筑了一条小桥，仅四米长，横跨加美两国的国境线，成为全世界最短的跨国桥，非常有趣。《论语》中说："智者乐水，仁者乐山。智者动，仁者静。智者乐，仁者寿。"愿天下喜山乐水之人，能有机会来三大千岛湖看看，延年益寿。

（写于2017.5，上海）

8 考察国之重器——蓝鲸二号

初夏时节来到烟台，参加山东省省长杯的项目评审，考察中集集团时登上了全球最大、最先进的超深水半潜式钻井平台“蓝鲸2号”。

“蓝鲸2号”重约5万吨，有37层楼高，可以在全球95%的海域作业，最大钻井深度15 000米，相当于两个珠峰的高度。甲板有一个足球场大。几乎和一个航空母舰的排水量差不多。它的下面有4个巨大的浮桶。里面有6台发动机，装有螺旋桨，可以自行在海面上行走。站在甲板上，迎面吹来阵阵海风，可以感受到“蓝鲸2号”矗立于大海之上的壮观与豪迈。

海上钻井平台被称为“流动的国土”，体现着一个国家的整体工业实力和发展方向。15年前，中国还完全没有自主制造海上钻井平台的能力。15年后的今天，中国海洋工程达到世界领先水平。2017年5月，“蓝鲸1号”在南海首次实现可燃冰试采，产气总量超过30万立方米，产气时长、产气总量，双双打破世界纪录，向全世界展示了中国的实力。蓝鲸系列配备了高效的液压双钻塔和全球领先的闭环动力系统，可提升30%的作业效率。同时，首次应用的闭环动力系统能够根据不同的工况，灵活地选择或指定在线运行的发动机，节省10%的燃料消耗，并减少排放，大大提高该平台的绿色性能。蓝鲸系列可抗16级台风。2017年“蓝鲸1号”试开采期间，就经受住了12级台风“苗柏”的考验，台风过后，平台仍然牢牢钉在工作海域，可燃冰试采一秒也没有停顿。

“蓝鲸2号”与“蓝鲸1号”整体设计和概念设计相同，但在“蓝鲸1号”的基础上有更多的改善和优化。蓝鲸2号的液压双钻塔系统工作效率提高了30%，生产建造时间减少了半年，国产化率达60%。而在10年前，中集建造第一座半潜钻井平台国产化率只有10%。海洋强国，装备先行。“蓝鲸2号”上载有27 354

台设备，有968个子系统，40 000多根管路，50 000多个报验点，120万米电缆拉放长度。用于制造蓝鲸2号的泰山吊，总体高度为118米，主梁跨度为125米，最大起升重量达2万吨，是世界上最大的起重设备，也是吉尼斯世界纪录“世界提升能力最大的起重机”保持者。作为中国海工行业的领军企业，中集来福士公司主动变革，转型升级，向油气细分领域、深远海渔业领域延伸，建造一流海工装备。

烟台海工院的大楼写着醒目的标语：Set A Goal，Never Say No（设定目标，无所不能）。这体现了中华民族的勇敢无畏、不屈不挠的精神。

（写于2018.8，上海）

9 从澳门到里斯本，感悟葡萄牙

每次来到澳门，其独特的风土人情，城市建筑，尤其是其400多年（1553—1999）被外国殖民的屈辱历史给我留下了深刻的印象。澳门的每一个角落都有葡萄牙（Portugal）人的影子，留下了大量的历史文化遗迹。回归祖国后，澳门已经成为国际自由港和世界旅游休闲中心。澳门的轻工业、旅游业、酒店

业和娱乐业发达，是全球最富裕的地区，也是世界人口密度最高的地区之一，是世界四大赌城之一。只要来到澳门，就会情不自禁地想起葡萄牙——这个曾经长期占领我国领土的遥远国家。

2019年休假，我终于有机会来到葡萄牙的首都里斯本（Lisbon）。让我可以近距离、深度探索葡萄牙的文化和历史。因为葡萄牙是欧洲各国殖民历史最久的国家，自从1415年攻占北非休达到1999年澳门主权移交中国，殖民活动长达近600年。昔日庞大的葡萄牙联合王国，曾囊括世界53个国家和地区，一个巨大的海上帝国。葡萄牙毗邻大西洋、紧靠地中海，15世纪强盛一时。不论文字、艺术还是建筑皆有着浓重的拉丁味道。境内教堂很多，84.5%的人信奉天主教。葡萄牙语是继英语和西班牙语之后世界上使用最广泛的语种之一。全世界有2亿多人口使用葡萄牙语，是世界流行语种的第6位，仅次于汉语、英语、俄语、西班牙语和印地语。15、16世纪是葡萄牙的全盛时代，在非、亚、美拥有大量殖民地。它在海外最大的殖民地就是现在的巴西。这个时代不论在经济、政治、文化上，葡萄牙都已远远超越欧洲其他国家，为海上强国。1522年，葡萄牙探险家麦哲伦所率领的西班牙船队首次环航地球。葡萄牙的航海家、商人及官员到了中国广州，而其与明朝朝廷的交涉被称为近代中国与欧洲接触的开端。葡萄牙人于1542年意外发现了日本，后来很多欧洲商人和传教士被吸引到日本。1557年，葡萄牙人租借澳门，并开始与中国进行贸易。1887年，葡萄牙与清朝政府签订《中葡会议草约》，正式通过外交文书的手续租借澳门，澳门成为欧洲国家在东亚的第一块领地。1974年葡萄牙康乃馨革命成功，实行非殖民地化政策，承认澳门是被葡萄牙非法侵占的，并首次提出把澳门交还中国。由于当时不具备适当的交接条件，时任总理的周恩来提出暂时维持澳门当时的状况。澳门直到1999年才回归祖国。

里斯本位于葡萄牙西部，距离大西洋不到12公里，是欧洲大陆最西端的城市。16世纪是里斯本最辉煌的时期，大量黄金从当时葡萄牙的殖民地巴西运到里斯本，使得里斯本成为欧洲富甲一方的商业中心。1755年，里斯本发生了一场大地震，造成城市及港口的严重衰落，从此葡萄牙的国力也开始走下坡路。之后在19世纪，拿破仑入侵里斯本，当时的皇室集体逃亡至巴西，城市也受到一定程度的破坏。第二次世界大战中葡萄牙名义上保持中立，实际上是偏向法西斯轴心国。现在的里斯本市人口大约是500万人，是欧洲人口增长得最快的地区。里斯本是全葡萄牙最适合居住的城市，最富庶的地区。这地区的人均GDP远高于欧盟平均人均水平，占整个葡萄牙的45%。

里斯本依山傍水，整个城市分布在几个小山丘上。远远望去，色调深浅不一的红瓦顶房屋和浓淡不同的绿色树丛交相辉映，景色十分优美。道路两旁有松柏、棕榈、菩提、柠檬、橄榄和无花果等树木。终年草木常青，鲜花盛开，宛如一座妩媚芬芳的大花园。

里斯本有许多纪念塔和纪念碑。位于大西洋岸边的贝伦塔，建于16世纪初期，涨潮时，似浮在水面上，景色动人。塔前的热罗尼莫斯修道院，气魄宏伟，雕刻华丽。葡萄牙航海家达伽马和著名诗人卡摩安兹就长眠于此。附近的航海纪念碑，造型优美，宏伟壮观，远看好像航行在碧波万顷中的巨型帆船。碑上的浮雕，再现了当年葡萄牙航海家周游世界、搏击风浪的英雄壮举。广场的地上，能工巧匠们制作的一幅巨大的世界地图，清晰地标出了葡萄牙航海家远航世界各地的年代、地点和航线，使游人对葡萄牙航海史一目了然。亨利纪念碑是一艘石刻的大帆船，亨利像屹立在船头，四周站立着协助亨利的船长、地理学家、数学家、木工等人物雕像。

里斯本城区范围不大，十分适合步行，自由大道和罗西乌广场为市中心。主要古迹集中在阿尔法玛区，这里保存有葡萄牙帝国的荣光，从维护良好的博物馆及古迹上，可以怀想当年帝国的兴盛及奢华。

葡萄牙人都说没有看过里斯本的人等于没有见过美景。这座美丽的城市里最好的美景位于太加斯河口。太加斯河流向大西洋，形成一个名为“槁之海”的内陆海，它是世界上最壮丽的自然港口之一。在太阳落山时，里斯本骄傲地展现她的宫殿、教堂以及跨越七座小山的老街。让人浮想起葡萄牙当年的辉煌时代。2018年11月，世界城市排名发布，里斯本进入全球城市500强榜单第35名。

从澳门走到里斯本，美景让人目眩，历史让人沉重，心情如波涛般汹涌。人过中年，沐浴在夕阳的余晖之中，感叹人生时光短暂，真想“向天再要500年”，看看未来世界的模样。

（写于2016.5，上海）

10 探游意大利

意大利在我眼里，一直是一个神秘的国家。因为人类的许多历史事件、重要文化遗产都与它有关。15世纪开始成为欧洲文艺复兴的发源地，早期有长达一千多年的罗马帝国的辉煌。

意大利是一个狭长的半岛，直插地中海。地处北温带，气候常年温暖湿润，史前就有人类活动迹象。北面有阿尔卑斯山常年积雪，与法国、瑞士、奥地利以及斯洛文尼亚接壤。

实地探索意大利一直是我的梦想。2014年的秋天，我终于来到梦想之国意大利。第一个踏足之地就是佛罗伦萨，也是意大利原首都。佛罗伦萨是欧洲文化中心，文艺复兴运动的发祥地，歌剧的诞生地，举世闻名的文化旅游胜地。佛罗伦萨的英语为Florence，以前曾译作“翡冷翠”。现代著名诗人徐志摩《翡冷翠的一夜》和《翡冷翠山居闲话》，都给我留下过深刻的印象，成为现代诗歌和散文的范本。

佛罗伦萨三面环绕着美丽的黏土山丘，城市就坐落在其中的平坦盆地，市中心有一些小河流过。来到佛罗伦萨的第一件事就是拜访但丁故居。但丁是欧洲最伟大的诗人，也是全世界最伟大的作家之一。小时候学过马恩列斯著作，记得恩格斯曾对但丁有一段评价：“封建的中世纪的终结和现代资本主义纪元的开端，是以一位大人物为标志的，这位人物就是意大利人但丁，他是中世纪的最后一位诗人，同时又是新时代的最初的一位诗人。”

佛罗伦萨给人类留下了数不胜数的历史记忆。全市共有40所博物馆和美术馆，60多所宫殿及许许多多的大小教堂，收藏着大量的优秀艺术品和珍贵文物，因而又有“西方雅典”之称。米开朗琪罗广场是眺望全城的最佳据点，百花大教堂是佛罗伦萨的地标，又称“圣母寺”。由大教堂、钟塔与洗礼堂构成。洗礼堂位于大教堂西边，为白色八角形罗曼式建筑。钟塔高85米，属哥特式建筑，由六层方形结构向上堆叠成柱形，外墙铺白色大理石，纯净优雅。作家陈运和在《佛罗伦萨仍年轻》一文中讲到“但丁的诗魂、达·芬奇的画魂，仍飘荡在佛罗伦萨的大街小巷、广场教堂，或者博物馆、美术馆”。佛罗伦萨以艺术、设计、手工艺闻名遐迩。珠宝首饰很有名。

在佛罗伦萨三天的游览结束以后，第二站我来到了比萨古城（Pisa）。小时候上物理课时就听老师说伽利略在比萨斜塔上扔铅球，研究地心引力。这次一定要找机会来比萨看一看这个举世瞩目的斜塔。比萨城历史上是个海滨城市。随着陆地的扩展，比萨距海岸越来越远了，但这并不能使人遗忘比萨曾作为海上共和国，作为联结东西方纽带，曾起的重要作用。比萨斜塔开始建造于1174年，竣工于1350年。随着时间的推移，比萨塔的倾斜程度不断增大，目前已达到4.5米，而且倾斜度还以每年1毫米的速度继续增加。

第三站，我来到意大利著名的旅游城市——威尼斯（Venice），这个被称为世界最浪漫的城市。威尼斯有118个人工岛屿，有117条水道纵横交叉。威尼斯“因水而生，因水而美，因水而兴”，享有“水城”“水上都市”“百岛城”等美称。威尼斯港是意大利最大的港口之一，每年进出港门的船只在万艘以上。威尼斯不仅风光奇特，而且还是文化名城。城内古迹繁多，有120座哥特式、文艺复兴式、巴洛克式教堂，120座钟楼，64座男女修道院，40多座宫殿和众多的海滨浴场。歌德和拜伦都曾对威尼斯城赞扬备至，拿破仑则称其为“举世罕见的奇城”。

威尼斯有401座桥，这些桥的造型千姿百态，风格各异。有的如游龙，有的似飞虹。其中最著名的是利亚德桥，造型为单孔拱桥，用大理石砌成。大文豪莎士比亚的文学巨著《威尼斯商人》记述的就是发生在这里的故事。威尼斯另一座非常有名的桥叫叹息桥，是威尼斯的必访景点之一。叹息桥造型属早期巴洛克式风格，桥呈房屋状，上部穹隆覆盖，封闭得很严实，只有向运河一侧有两个小窗。它建于1600年，因死囚被押赴刑场时经过这里，常常会发出叹息声而得名。电影《情定日落桥》就是在这取景的。黄金宫是威尼斯最大的哥特式建筑。以整齐的排布和金灿灿的颜色而闻名遐迩。宫殿外表被漆成金黄色，在阳光下十分耀眼夺目。这座所谓的“宫殿”，收藏着多位威尼斯画派的佳作，是一座实在的“艺术金库”。彩色岛堪称是威尼斯的“童话小岛”。岛上并没有特别的景点，吸引人的是小岛上的房屋都被漆成了各种绚丽的色彩。艺术家们把这座小岛打造成了一座童话世界。许多游客来到这座小岛为的就是沉迷那一刹那的浪漫，好好地满足一下自己童年的愿望。

威尼斯市内没有任何车辆，城内的所有的交通工具都是船。像公交车一样有固定的线路和船站。威尼斯人称出租船为“贡多拉（Gondola）”，它是威尼斯特有的“的士”。“贡多拉”船身狭长，首尾翘起，最适宜在狭窄的水巷中行驶。艄公身着黑白相间的传统服装，头戴有红色帽箍的草帽，他们用单桨划船，操作非常熟练。威尼斯的风情总离不开“水”，上帝将眼泪流在了这里，却让它更加晶莹和柔情，就好像一个漂浮在碧波上浪漫的梦。蜿蜒的水巷，流动的清波，诗情画意久久不去。

畅游七天之后，最后一站我来到罗马。从威尼斯乘火车到罗马用了4个多小时。罗马（Roma）是意大利首都和最大的城市，已有2 500余年历史，是世界著名的历史文化名城，也是古罗马帝国的发祥地。公元1—2世纪，与东方中国的东汉帝国遥相呼应。罗马是全世界天主教会的中心，有700多座教堂与修道院，7所天主教大学。

罗马是全球最大的“露天历史博物馆”。世界八大名胜之一的古罗马露天竞技场，也称斗兽场，建于公元1世纪。这座椭圆形的建筑物占地约2万平方米，周长527米，是古罗马帝国的象征。宽阔的帝国大道两旁建有元老院、神殿、贞女祠和一些有名的庙宇，如万神庙等。古罗马竞技场是奴隶社会的一块伤疤。在它北面，还有一座为纪念君士坦丁大帝的凯旋门。罗马市喷泉众多，千姿百态。罗马人有为先人雕像的传统，因此对肖像的逼真传神有着极高的要求，在肖像雕刻方面取得了卓越的成绩。罗马是欧洲最容易买到又好又便宜的东西的地方。除了时装首屈一指外，这里的皮具、文具、瓷器、玻璃制品，都是享誉世界的。

非常有趣的是在罗马的西北处有一个国中国、城中城，那就是梵蒂冈，是世界上“面积最小”“人口最少”的国家。在4世纪，罗马教廷创建了影响力极大的教皇国，存在了1 175年。随后，在1870年的普法战争中，教皇国就此彻底被意大利吞并，教皇被赶到了小镇梵蒂冈居住。但是意大利的天主教徒人群庞大，呼吁维护教皇尊严的声音很大。1929年墨索里尼代表意大利政府和罗马教廷订立条约，罗马教廷承认罗马作为意大利国家首都的地位，意大利政府则承认罗马教廷对梵蒂冈范围内的主权。至此，梵蒂冈沦落为一个城国。此后，人们也越来越多地称“教宗”而不是“教皇”。曾经有着近2万平方公里的教皇国，最终沦为了一个只有0.44平方公里的城国。

结束意大利的探索之旅，我五味杂陈。意大利有几千年的辉煌历史，也是世界的艺术殿堂。可在第二次世界大战中，墨索里尼与纳粹德国形成轴心国，给世界人民带来了灾难，同时也给意大利蒙上一层历史灰尘。

（写于2015.5，上海）

11 朝拜音乐圣城——维也纳（Vienna）

上大学时，我选修了一门《音乐鉴赏》课。老师天天给我念叨的就是舒伯特、约翰·施特劳斯、海顿、莫扎特和贝多芬，还有李斯特、布鲁克纳、马勒、格鲁克、勃拉姆斯等这些伟大的名字。《维也纳森林的故事》《蓝色多瑙河》《告别》《春之声圆舞曲》《拉德斯基进行曲》《卡门》等都与一个地方有关，那就

是音乐圣城维也纳。这个以音乐为灵魂的城市，对我这样一个音乐爱好者来说，就像穆斯林的麦加，那是一定要去朝拜的。

2016年的秋天休假，我开启东欧之旅。我乘坐大巴车从布拉格来到维也纳。车入奥地利境地，我的心便被那层峦叠嶂、林木繁茂的景色所慑服。雪松、落地松、针叶松还有些不知其名的植被把山谷装饰得郁郁葱葱。有的浓绿如漆，有的翠绿欲滴。车窗外，峻岭环抱，山林幽邃，千山万岫在缥缈的烟雨云雾中时隐时现，给人以幽静、厚重之感。山腰间散落着五颜六色、形状各异的别墅，特别显眼。肥美的草场绿波荡漾，似绒毯，如平湖。奥地利美丽的风光，也让我进入“音乐家”的状态，想唱歌、想跳舞、想弹琴。

维也纳（Vienna）是奥地利的首都，位于阿尔卑斯山北麓。蓝色的多瑙河从市区静静流过，山清水秀，风景优美。著名的维也纳森林从西、北、南三面环绕着城市，辽阔的东欧平原与其相对，到处郁郁葱葱，生机勃勃。被联合国评为人类最宜居的城市（排名第二）。维也纳是一座千年古城，曾经是神圣罗马帝国、奥地利帝国的首都。现在是奥地利共和国最大的城市和政治中心。人口约170万人，是欧盟第七大城市。在20世纪初以前，它是德语圈最大的城市，奥匈帝国分裂之前，该市已经拥有200万人口。时至今日，它仍是德语圈第二大城市，仅次于柏林。公元1世纪罗马人在这里建立城堡。13世纪末期，城内出现大批宏伟的哥特式建筑，15世纪以后成为罗马帝国的首都和欧洲的经济中心。18世纪随着艺术的繁荣，维也纳作为“音乐城市”闻名遐迩。维也纳城区房屋顺山势而建，布局层次分明，各种风格的教堂错落其间。维也纳从内城向外城依次展开。内城即老城，街道狭窄，卵石铺路，纵横交错，两旁多为巴洛克式、哥特式和罗马式建筑。围绕内城的内环城线，路边生长着各种树木，两旁有博物馆、市政厅、国会、大学和国家歌剧院等重要建筑。内环城线与外环城线之间是城市的中间层，这儿是密集的商业区和住宅区，其间也有教堂、宫殿等建筑。外环城路是别墅区、公园区、宫殿等，一直延伸到森林的边缘。城市北面是多瑙公园，也是游人云集的地方。音乐家约翰·施特劳斯的雕像和莫扎特的雕像坐落在内环城路和皇宫公园的中心。奥地利全境百分之九十六的面积都属于多瑙河流域。在奥地利人的眼睛里，只能找到两样东西：多瑙河和音乐。因为人们确实无法分清究竟是多瑙河激起了奥地利人的音乐灵感，还是奥地利人的音乐天赋为多瑙河带来了魅力和浪漫。维也纳有许多壮丽雄伟的建筑、名胜古迹，如美泉宫、贝尔维德乐宫、弗夫堡王宫、圣斯蒂芬大教堂。因为维也纳历代统治者喜爱音乐，许多世界著名的音乐家，如贝多芬、勃拉姆斯、舒伯特、莫扎特，都曾聚集于此，维也纳还是圆舞曲之王——约翰·施特劳斯父子的诞生地，他们的作品在每年的新年音乐会上演奏，并向全世界转播。这些因素都使古典音乐的演习者把能到维也纳镀金或演出看成一生中最大的愿望。如果说巴黎的一草一木都带上了雨果和巴尔扎克们的灵气的话，那么维也纳的每一个台阶都能踩出海顿和施特劳斯们的音符。

我计划在维也纳逗留三天，不得不把时间留给老城区域和郊外的美泉宫。维也纳的建筑雕塑实在太美了，它们都是由那冰冷而坚硬的石头雕成的，实在让人心醉。市中心的史蒂芬大教堂是全世界最著名的哥特式教堂之一，教堂落成至今已逾八百年，它137米高的尖塔是继科隆大教堂之后世界第二高的教堂尖塔。

美泉宫坐落在维也纳西南部，曾是神圣罗马帝国、奥地利帝国、奥匈帝国和哈布斯堡王朝家族的皇宫，美泉宫及其花园被联合国教科文组织列入《世界文化遗产名录》。1744年，哈布斯堡最著名的女王——玛丽亚·特蕾西亚把这所游乐宫改建成夏宫，也正是在她统治期间，这座宏伟的宫殿基本落成。影片“音乐之声”曾经在这里的花园取景。

维也纳国家歌剧院和金色大厅是我必须前往朝拜的地方。金色大厅1869年竣工，是意大利文艺复兴式建筑。外墙黄红两色相间，屋顶上矗立着许多音乐女神雕像，古雅别致。维也纳交响乐团每季度至少在此举办12场音乐会。金色大厅属于奥地利音乐之友协会，该协会拥有会员7 000多人，是世界上历史最悠久的音乐组织，也是世界最有名的四大歌剧院之一。有许多著名作曲家、指挥家都在此担任过总监。一个多世纪的岁月中，它一直都是世界音乐和歌剧知名人士云集的地方。不知从何时开始，每年春天，人们都要在这座富丽堂皇的建筑里举行一次盛大的舞会。它是世界上最著名、规模最宏大的舞会。舞会自晚上10时开始，直到次日黎明才结束。许多外地的和外国的客人也争相赶到这里，和维也纳人一道步入那令人陶醉的华尔兹美梦之中。非常幸运的是，我竟然买到当天的音乐会门票，真实地在金色大厅聆听了两小时的音乐，满足了自己专程朝拜的心理。

维也纳的其他建筑也是美丽纷呈，比如卡尔大教堂，尖顶耸立的维也纳市政厅等，无不让我流连忘返。美丽的茜茜公主也在这里留下了自己的倩影。市中心还有一座茜茜公主博物馆。

需要特别提及的就是维也纳的咖啡馆。那里有古典音乐，温馨浪漫的灯饰，没有啤酒屋的喧嚣浮躁。大俗之人坐进去也觉得自己是文人雅士。侍者穿着黑白两色的制服，打着整齐的领结，穿梭于桌子之间。欧洲上流社会的缛礼也会无师自通。咖啡馆永远是干净的、温馨的，它们努力保持着一种古老，保持着一种过去的精致生活。对热爱音乐的我来说，维也纳的确是天堂。一边游览一边思考，眼前总浮现着贝多芬、莫扎特、舒伯特、海顿、约翰·施特劳斯等这些音乐大师的形象，耳边时时响起施特劳斯的《蓝色多瑙河》圆舞曲。登上阿尔卑斯山麓，维也纳森林波浪起伏的景色尽收眼底；远眺喀尔巴阡山绿色峰尖，辽阔的平原犹如一幅特大的绿毯，多瑙河穿流其间，碧波粼粼。我就在想：世界上恐怕没有一条河流能与多瑙河相比，因为它流淌的不是水，而是音符。虽然它在奥地利境内只有350公里，但因孕育了一大批伟大的音乐家而具有了非同寻常的魅力。

天地灵气、日月精华，音乐圣城维也纳是人与宇宙万物的交谈之地。问候您，维也纳！崇拜您，维也纳！

（写于2017.9，上海）

12 从凡尔赛，看我国近代屈辱

多次到法兰西出差，却少有闲暇在法国游玩。2008年9月，在英国剑桥大学的讲学活动结束后，趁机休假一周来到法国与友人汇聚，开展一次自驾游。驱车从南部的马赛、普鲁旺

斯、图卢兹，到西北的鲁昂，最后回到巴黎。在我脑海里，法兰西是一个伟大的名字，有太多值得我探索和研究的东西。从塞纳河畔到埃菲尔铁塔，从巴黎圣母院到巴黎公社和法国大革命，从拿破仑到诺曼底登陆，从卢浮宫到凡尔赛宫，一个个地名和事件一直伴随着我从小长大。深入探索研究法兰西，就成为我的一个梦想。因为她和我们国家民族的近代史紧密相连。第一次世界大战结束，中国代表顾维钧在“巴黎和会”上的血泪陈词，没有阻止日本侵占山东半岛；周恩来、邓小平、朱德、陈毅、聂荣臻、蔡和森、向警予、李富春、蔡畅、李维汉、李立三、王若飞、萧三等一大批老革命家在法兰西勤工俭学，开展革命斗争。这些都是一个个鲜活的事例。

我在巴黎参观的最后一站就是凡尔赛宫，因为它与人类近代史的许多事件有关。凡尔赛宫位于法国巴黎西南郊外，是巴黎著名的宫殿之一，也是世界五大宫殿之一（中国故宫、法国凡尔赛宫、英国白金汉宫、美国白宫、俄罗斯克里姆林宫）。凡尔赛宫建造于法国路易十四时期（1643—1715），是人类艺术宝库中一颗灿烂的明珠。凡尔赛宫由主宫殿、城堡、园林组成。内有王储和公主的套房、教堂以及宫殿历史画廊。宫殿外面有一座修葺整齐的巨大花园。花园内有1 400个喷泉，以及一条长1.6公里的人工大运河。花园内还有森林、花径、温室、柱廊、神庙、村庄、动物园和众多散布的大理石雕像。凡尔赛花园被称作欧洲最美的宫廷花园。主楼二楼有镜廊、战争厅、丰收厅、战神厅、和平厅、教堂、剧院、国王王后套房等。战争厅是宫殿的一大亮点，厅内装饰主要为反映路易十四征服西班牙、德意志等功绩的油画，镀金壁炉上是路易十四的骑马浮雕像。

凡尔赛宫是欧洲自古罗马帝国以来，第一次表现出，专制政体的巨大力量，有力地证明了当时法国经济和技术的进步和智慧。几百年来欧洲皇家园林几乎都遵循了它的设计思想。沙皇彼得一世在圣彼得堡郊外修建的夏宫、奥地利玛丽亚国王在维也纳修建的美泉宫、德国威廉二世在波茨坦修建的无忧宫，都仿照了凡尔赛的宫殿和花园。

凡尔赛修建成功后，一直是法国政治和文化中心。1870年，普鲁士军队占领凡尔赛，第二年德皇在此举行加冕典礼；同年，梯也尔政府盘踞在凡尔赛宫，血腥镇压了巴黎公社；1783年，美国独立战争后，英美在此签订了《巴黎和约》；1919年6月28日，第一次世界大战结束，战胜国同德国签订了《凡尔赛和约》，由此开启了中国近代的又一段屈辱史，掀起了中国新民主主义革命的浪潮。

中国的近代史就是一部屈辱史。标志第一次世界大战结束的“巴黎和会”在凡尔赛宫召开。一战时中国加入了协约国，对同盟国作战，派出17.5万名劳工，牺牲了2 000多人。作为战胜国的中国，索回德国强占的山东半岛的主权，是顺理成章的事。而跟中国一样是战胜国的日本，想要把德国在山东的“权益”归到它的名下，而最终日本达到了目的，中国则成为受辱的战胜国。和会根本没把中国这个战胜国当回事，《巴黎和约》规定：战前德国侵占的山东胶州湾的领土，以及那里的铁路、矿产、海底电缆等，统统归日本所有。中国人民忍无可忍，终于爆发了轰轰烈烈的“五四运动”。在全国人民的支援和影响下，代表团发出了怒吼，向帝国主义列强们说出了:"NO。" 面对日本的无理要求，年轻的中国代表顾维钧立场坚定，据理力争，拒绝签字。他在"和会"上的发言传回祖国大地:"你们日本在全世界面前偷了整个山东省，山东省的三千六百万人民该不该愤怒？四万万中国人该不该愤怒？中国不能失去山东就像西方不能失去耶路撒冷，这样一份丧权辱国的和约谁能接受啊！我们拒绝签字，请你们记住中国人永远不会忘记这悲痛的一天。"

1919年5月3日，"巴黎和会"的消息传到北京，人们听说后愤怒了。北京各大院校学生代表聚集起来，爱国学生们慷慨陈词，极力反对巴黎和会割让中国山东领土。5月4日，北京约3 000多人涌向天安门广场。"誓死力争，还我青岛！""外争国权，内惩国贼"等口号标语震天动地。大学生愤怒了，全国人民愤怒了。一场声势浩大的"五四运动"爆发了。从此，中国历史进入了新民主主义革命的阶段，中国共产党进入了领导中国革命的行列。

时光飞逝了近100年，站在凡尔赛宫回看自己祖国的屈辱史，看着依然悬挂在镜厅的"巴黎和会"巨幅油画，感慨万千。今天，中华民族在中国共产党的领导下，站起来了。我们正走在民族复兴的康庄大道上。回想无数革命先烈和仁人志士，我热泪盈眶。站在法兰西的国土，面向东方，向为民族解放和民族复兴事业奋斗终身的梁启超、顾维钧、孙中山、陈独秀、李大钊、周恩来、毛泽东、邓小平等一代伟人致敬！

（写于2013.5，上海）

13 韩国之旅

时光飞逝，一晃回国工作快两年了。突然接受了新的任务，要到外地工作一段时间。避开国庆中秋长假的拥挤，我提前休假几天，带着家人来到中国的邻邦——韩国度假。

朝鲜半岛对我来说是个熟悉又陌生的地方，有着太多真假难辨的记忆。总想实地走一走，看一看，找一找新罗的遗迹，看看高丽王朝的文化。因为朝鲜族人民悲惨的历史，总在我心头挥之不去。从古代的都统李成桂叛国政变归附明朝，改国号为朝鲜，到“万历援朝战争”（1592），抗击倭寇日本的“壬辰倭乱”；到近代的《中日马关条约》承认朝鲜独立；到终止中朝册封关系将朝鲜又一次置于日本的铁蹄之下；再到二战后期，在大国的角力下，朝鲜南北分裂。朝鲜人始终处在被压迫、被蹂躏的境地。现代中国人印象最深的恐怕就是“抗美援朝战争”了。

在朝鲜历史上，世宗大王以前朝鲜人是没有文字的，一直使用中国的汉字。1446年世宗大王创造了谚文，即现在的朝鲜语，是一种拼音文字。但朝鲜文并未取代汉文的地位。朝鲜文作为官方文字则是1948年建国以后。

来到韩国的第一站就是最南端的济州岛。济州岛是韩国最大的岛屿，是一座典型的火山岛，是世界新七大自然奇观之一。120万年前因火山活动而形成，岛中央是通过火山爆发而形成的海拔1 951米的韩国最高峰——汉拿山。海洋性气候的济州岛素有“韩国夏威夷”之称。美丽的济州岛不仅具有海岛独特的美丽风光（瀛洲十景），而且还有特别的民俗文化，就是“三多”（石多、风多、女人多）、“三无”（无乞丐、无小偷、无大门）和“三丽”（民俗、水产品、传统工艺），贴切地反映了济州独特的自然文化景观和济州人民朴实的民情。

济州岛是韩国的特别行政区，岛屿面积很大，但只有50多万人。中国人来济州岛不需要签证，可以直接落地。这里有突兀海面的日出峰，有世界级的高尔夫球场。9月底的济州岛，空气清新，阳光明媚，海水湛蓝。两天之后，经过一个小时的飞行，我们到达了第二站——韩国的首都首尔。首尔是韩国最大的城市，位于韩国西北部的汉江流域，处在朝鲜半岛的中部，距半岛西海岸约30千米，距东海岸约185千米，北距朝鲜平壤约260千米。2008年首尔被评选为世界第六大经济城市，在亚洲仅次于东京、中国香港和新加坡（新加坡的首都）。2011年全球城市指数排名第8，在亚洲仅次于东京和中国香港，是韩国的经济、政治、科技、工业、电子、金融、时尚和文化中心。首尔是世界设计之都，也是一个高度数字化的城市，2010年其数字机会指数排名世界第一。首尔人口1 200万,四季分明，每年的境外游客非常多。首尔是一座现代与古老兼具的城市，环境非常优越、干净；缓缓流动的汉江穿过城市中间，有如玉带，随着来自东海追来的海风，尽情奔流；旧日王宫依然保留着当年中华遗留下来的富丽堂皇的景象。首尔创造了韩国GDP的近30%。韩国12家位列世界500强的公司中，有11家总部设在首尔。

漫步在首尔街头，匆匆而过的人群，川流不息的车流，鳞次栉比的高楼大厦，古老的宫殿，蔚蓝色美丽的汉江，巍巍的南山，繁华的商业街。这一切无不显示出了这个东方屈指可数的世界大都会的无穷魅力。

首尔有两座机场，津浦机场像上海的虹桥，而仁川机场像浦东机场，主要是国际航班。仁川，是一个中国人熟悉的名字，当年美国兵从仁川登陆，一下子改变了朝鲜战争的格局。我们的旅游车从机场出来，还能看见战车和士兵在江边操练的影子。这里

距朝鲜也很近，他们的大炮可以随时打到首尔市内。所以，韩国人一直在喊着要迁都。韩国女人非常爱美。韩剧中许多美女帅男，吸引无数观众。实际上，他们那里的女孩，从小就开始化妆。刚十七八岁，就被妈妈带着去做美容手术。所以，街上到处是美女，真是养眼得很。

韩国的民族服装独特艳丽，小女儿一看就爱不释手。尽管很贵，我还是给她买一套。她穿上后，就不肯脱下来，一路上引无数路人瞩目，邀她留影，她高兴得手舞足蹈。韩国的饮食非常单一，除了泡菜、烤肉就是火锅。他们继承了许多中华文化，可唯独忘了中国的饮食文化。韩国归来，感慨颇多。弱小民族求生存，多么不易！上有北极熊，西有中国龙，东有日本倭寇，南面是大海。单一民族，绝地求生，多么悲情！

（写于2011.9，上海）

14 奢靡之城——拉斯维加斯（*Las Vegas*）

来美国工作很长时间了，朋友们一直约我去拉斯维加斯度假，始终未能成行。圣诞节马上就要到了，大家又吵吵起来。从洛杉矶开车去拉斯维加斯，需要3个半小时。宽阔的马路从沙漠中穿行，满眼的苍凉，就像行进在中国柴达木戈壁一样。风起时，卷

起阵阵沙尘，打在车窗玻璃上，沙沙地响。周末的傍晚，道路上行车很多。人们疯狂地奔向拉斯维加斯这个奢靡之城去消遣娱乐。我们抵达酒店已是晚上九点了，可拉斯维加斯的夜生活才刚刚开始。华灯初上，人群涌动，霓虹灯把街道照得如白昼。喷泉、歌舞、叫卖、拉皮条、赌博，一波接一波，喧闹非凡，人山人海。一个个高耸入云的大酒店，鳞次栉比。一楼是赌场，二楼是商场，三楼以上是客房，一个挨着一个。非周末时段，这里的房间很便宜，为的是吸引游客来赌博。我原定的普通商务房，给免费升级为总统套房，让我着实受宠若惊。小赌怡情，大赌乱性，这一点不假。在预定的一点小钱输完以后，我就住了手，和友人逛街去了。

拉斯维加斯（Las Vegas）是美国内华达州的最大城市，有着以赌博业为中心的庞大的旅游、购物、度假产业。世界上十家最大的度假旅馆就有九家是在这里，拥有“世界娱乐之都”和“结婚之都”的美称。从一个巨型游乐场到一个真正有血有肉、活色生香的城市，从一百年前的小村庄变成一个巨型旅游城市。每年来拉斯维加斯旅游的3 890万旅客中，来购物和享受美食的占了大多数，专程来赌博的只占少数。内华达州这个曾经被人讽刺为“罪恶之城”的赌城，已经逐步成熟，成为一个真正的城市了。“Las Vegas”源自西班牙语，意思为“肥沃的青草地”。拉斯维加斯是周围荒凉的沙漠和半沙漠地带唯一有泉水的绿洲，逐渐成为来往公路的驿站和铁路的中转站。拉斯维加斯建于1854年，是由当时在美国西部的摩门教徒建成的，后来摩门教徒迁走了，美国使其变成一个兵站，但这里人口还是很少。拉斯维加斯开埠于1905年，内华达州发现金银矿后，大量淘金者涌入，拉斯维加斯开始繁荣，但如同西部各采矿城镇一样，一旦矿被采光就会被抛弃。1910年1月1日，关闭了所有的赌场和妓院。1931年在美国大萧条时期，为了渡过经济难关，内华达州议会通过了赌博合法的议案，拉斯维加斯成为一个赌城，从此迅速崛起。拉斯维加斯的主要经济支柱是博彩业，由于赌场是个淘金碗，美国各地的大亨纷纷向拉斯韦加斯投资建赌场，甚至日本的富豪、阿拉伯的王子、著名演员均来投资。1990年唐人街也在拉斯维加斯落户，很快成为亚裔美国人的聚集地。拉斯维加斯成为美国发展最迅速的城市。

拉斯维加斯是世界上最有名的赌场及娱乐中心。街上有壮观、高级的旅馆赌场和秀场，如Mirage、Excalibur、巴黎、纽约、火鹤、凯萨皇宫、米高梅及马戏团等。拉斯维加斯大概是世界上结婚最简单的地方，一天大约发出230张结婚证书，一年大约发出十万张结婚证书。

拉斯维加斯的气质如一枚硬币的两面，一面是地狱，另一面是天堂。纵欲寻欢搭造的舞榭歌台散发着华丽迷人的气息，两个极端如影随形，无可分割。如果你想领略美国的灯红酒绿、豪华时尚、美女如云，就到拉斯维加斯去；如果你穷困潦倒，还剩下几文，也许可以到拉斯维加斯去搏一个咸鱼翻身；如果你钱多得不知怎么花，就到拉斯维加斯去，可能会让你重新体会一下街头流浪汉的潇洒。这就是被人们称作人间天堂，也是人间地狱的地方，更是让很多人来了还要再来的地方。

（写于2013.5，上海）

15 菲律宾印象

两次来到菲律宾，我却只踏足过它的两个城市。一个是首都马尼拉，一个是南部城市宿务。来菲律宾之前，它给我的印象全都来自新闻媒体的宣传：脏乱差、贫穷、菲佣、政变、战乱、贩毒，以及对中国人的不友好。可抵达以后，我的印象却迥然不同，好感增加了许多。作为有写游记爱好的我，还是想为菲律宾写一篇文章，在人生的长河中留下自己的印记。

菲律宾是一个千岛之国，地处热带，充满浪漫的海岛风情，是一个身在亚洲却兼具西方文化与拉美情怀的国家。它曾经在20世纪60年代成为亚洲的发达国家。其发达程度仅次于日本，首都马尼拉曾经被誉为亚洲的小纽约。后来由于某些原因，重新回到了发展中国家行列，甚至一度成为“贫穷”的代名词。菲律宾由7 100多个岛屿组成，主要有三大群岛。人口约1个亿，八成人信仰天主教，官方语言为菲语及英语。自16世纪以来，菲律宾就成为西班牙的殖民地，被占领330年。直到1898年美西战争爆发，西班牙战败，菲律宾改由美国统治近50年。到了1935年，菲律宾成为美国的自治区。1942年日本占领菲律宾，后来在1945年，美军和菲律宾一起抵抗日本，夺回了国家掌控权。直到1946年菲律宾终于正式独立，现在是东盟十国之一。

历史上，菲律宾曾经是中国的朝贡国。在15世纪菲律宾曾被称为苏禄王国。1417年，苏禄群岛上的三位国王率领家眷一行340人出访中国，受到明永乐皇帝朱棣的接待。归国至山东德州，东王扒哈剌因病医治无效，遗命留葬中国。明成祖派礼部郎中陈士启前往祭奠，以国王礼节将扒哈剌葬于德州，并赐谥号“恭定”，此后苏禄王国一直向中国朝贡。

令人印象深刻的是日军在二战期间搞的“巴丹行军”计划。1942年日本占领菲律宾以后，在菲律宾巴丹半岛上与美菲守军激战达4个月，最后因缺乏支援，美军约有78 000人向日军投降。这近8万人被强行押解到120公里外战俘营，一路无食无水，沿路又遭日军刺死、枪杀。在这场暴行中约15 000人死亡。这一事件震惊中外，在许多电影电视作品中都有揭示。

菲律宾现在虽然是东盟成员国，也是亚太经合组织成员国之一。但菲律宾仍为发展中国家、新兴工业国家。菲律宾贫富差距很大，虽经历数次经济快速成长，然而政局动荡，政府贪污腐败，社会的不安定已成为阻碍其发展的一大因素。

菲律宾虽然是中国的近邻，与我国台湾地区一海之隔（巴士海峡）。但自从新中国成立后一直与我国关系不睦，中菲之间有领海争议。虽然近几年，激进的杜特尔特当选菲律宾总统之后，缓和了对我国的关系，主动降低领海争议的热度。他又对美国屡次出言不逊，表现出对抗老美的架势。有些人就开始憧憬或者希望菲律宾未来成为一个亲中的国家。

然而我的看法是“可能性不大”。既不要小看美国对菲律宾的影响力，也不要高估杜特尔特在菲律宾的控制力。因为美国人自视为菲律宾的“解放者”，美国统治菲律宾50年。93%的菲律宾人讲英文，它整体上是一个崇美亲美的社会。另外，美国在菲律宾苏比克湾有东南亚的最大军事基地，也曾是太平洋舰队基地（现在放弃了）。菲律宾和巴基斯坦、柬埔寨的情况完全不一样，它和我们有纠纷，菲律宾是不可能松开美国这条可以依靠的“大腿”。

我像大多数到过菲律宾的人一样，对马尼拉既熟悉又陌生。熟悉的是它亚热带的属性，陌生的是它的历史和人文。令人印象深刻的是，马尼拉到处都是军用吉普车改造的“吉普尼”出租车。在大街上随处可见，招手即停，是马尼拉街上一道独特的风景。车身上画着绚烂多彩的广告画，已然成为一种城市文化的代表，既张扬又亲切。

马尼拉的海鲜市场，是游览马尼拉的必去之地。这里的海鲜种类繁多，且非常鲜活。赖尿虾、石斑鱼、大虾等，大多是打捞上来不久的。海鲜市场的服务也非常周到，附近的餐厅可以直接加工，你可以清楚地看到一队厨师热火朝天地在锅里烹制。当然，最重要的是，这里海鲜的价格比国内便宜一半。

再一个印象深刻的就是跳蚤市场。这里最大的特色就是人情味。菲律宾的木屋建筑下，有上百个不同的摊档。漫步于此，也体验一回当地人的生活状态。焦糖苹果派，传统沙嗲，露天烧烤，各类舌尖上的美食也都在这里汇集。酒足饭饱之后，还可以逛逛这里教乐器的小铺子。到了晚上，红火的酒吧开张了，点一瓶当地牌子的啤酒，与来自世界各地的年轻人畅饮聊天，那些生活的小情调不知不觉散发出来。

马尼拉湾有世界上最美的落日，是世界级的景观。长达10公里的罗哈斯大道是观赏落日的最佳位置。每天傍晚马尼拉湾大堤上就会渐渐聚集起人来，他们或是静坐在岸边听着海浪声，迎接海平面上的那一刻绚烂，或是骑着单车看那落日余晖。如果搭乘海边的摩天轮，就可以把整个马尼拉湾的风光一览无余。海上飘荡着点点白帆，大有“孤帆远影碧空尽”的感觉。

宿务是菲律宾最早开发的城市，位于菲律宾南部。它是西班牙人最早登陆的岛，有最古老的城堡、最古老的街道。在菲律宾7 000多个岛屿中，诗情画意的宿务岛凭借其悠久的文化底蕴，当之无愧地成为游客的最爱旅行地！

菲律宾人的饭菜很简单，一大盒米饭加上一片熏鱼或烤肉，不喝汤，只喝冰水或汽水，天天如此。他们米饭吃得很多，每天还要吃两次点心。走在大街上，你所能看到的菲律宾人都是大腹便便，我猜想就是因为吃得太多。

菲律宾最出名的水果要数芒果、牛油果、木瓜了。这里的芒果名不虚传，个大又漂亮，金灿灿的，香得让人直咽口水。而且吃起来非常甜而滑，几乎是没有纤维，远销世界各地。牛油果个头和芒果差不多，表皮很光滑，颜色是绿中带红，这种水果营养价值极高，当地人拿来当主食，冲泡牛奶。木瓜是菲律宾流行的水果，营养丰富而且物美价廉。菲律宾的香蕉也很出名，有的可以拿来当主食，大街小巷都在卖炸香蕉甜品。

另外值得一提就是举世闻名的菲佣，也算是菲律宾的一大特产。之所以出名，我想主要是菲佣大部分受过高等教育，会讲英文，有职业道德而且廉价。在当地，一般人都雇得起佣人。他们的工资大概一个月相当于人民币180～280元。不过这里菲佣都是专职的，很清闲。他们分工详细，像在当地华人家里，请的菲佣有的都不下十个：专门买菜的，做饭的，端茶倒水的，打扫卫生的，司机，洗衣服的，带小孩的（一个菲佣只带一个小孩），管理花园的等等。

由于在菲律宾国内薪水较低，所以有条件的话菲佣会选择去国外做佣人。中国台湾、中国香港、新加坡是她们的首选城市。在我们看来菲佣都挺本分，而且他们有等级观念。尽管他们一般和东家相处得像是一家人，但菲佣本身就较谦卑，这点从他们的餐桌上就可以看得出来。他们帮主人盛饭倒酒，然后站在一旁静候，等大家用完餐后他们才收拾餐具。

菲律宾的男女比率失调，女性远远多于男性。所以很多女孩嫁不出去，只好单身，很多女菲佣找到好东家就一辈子待下来，伺候主人好几代人，没有自己的生活，显得有点悲哀。

另一个感受就是菲律宾人非常友善，乐于助人，热情好客。

如果在街上问路，被问人时常怕你找不到，哪怕自己上班快迟到了也要把你带到目的地再离开，这些都是我真实的经历。可能因为菲律宾曾经是西班牙、美国、日本的殖民地，让菲律宾人对各个国家的文化、信仰、习惯的接纳度都比较高。在这里你不用担心国籍、信仰、肤色不同而被歧视。甚至可能因为你是外国人，当地人会对你格外关照。在菲律宾人的印象里，中国人都很会做生意，菲律宾的前十大富豪七名都是祖籍中国的华侨。

菲律宾人不守时，是令人讨厌的。他们有个谚语："Time is not gold，time is not money，time is just the clock"，翻译过来就是：时间不是金钱，时间只是挂在墙上的钟表。菲律宾人的不守时我已领教过。

这就是我对菲律宾的印象。

（写于2017.5，上海）

16 细说澳新两国的前世今生

新西兰是我迈出国门的第一个目的地，是我放飞梦想的地方，也是我去过次数最多的一个国家。

90年代中期，国家正值改革开放的高潮期。打开国门，外面的世界扑面而来，让人应接不暇。一个偶然的机会，我从一本杂志上看到一组介绍新西兰的材料，其国民之富裕、社会之

安详、风光之旖旎让我惊叹。90年代的中国，公民想出国旅游，是一件极不容易的事情。很难拿到旅行护照不说，更主要的是囊中羞涩。月薪只有几百元人民币，要拿出几万元旅费，是不可想象的。然而我却非常幸运地得到岳父岳母的经济帮助，应朋友之邀，我于1996年携夫人抵达了新西兰最大城市奥克兰，与友人一起欢度中国新年。在那里待了整整一个月，让我对这样一个遥远的南太平洋岛国有了切实的感受，产生了深深的热爱。

后来的二十多年，我又无数次前往新西兰出差和旅游，并获得了新西兰的永居身份。原想在这样一个世外桃源终老一生，可计划永远没有变化快，由于工作和生活的变动，让我来到了它的大哥邻居澳大利亚，一待就是十四年，新西兰却一直停留在我的梦中。

新西兰和澳大利亚两国不仅在全球所处的地理位置上很接近，都在太平洋的西南侧，都是英国的前殖民地。更有意思的是现行澳大利亚联邦宪法第六条的定义中，除了现在真正属于澳大利亚的这几个州（新南威尔士、昆士兰、塔斯马尼亚、维多利亚、西澳、南澳及北领地），还将新西兰作为澳大利亚联邦的一个州与其他州并列。现行联邦宪法认同新西兰是澳大利亚的一个州。两个国

家的公民自由来往、工作，可相互享受对方的国家福利。像这样“你中有我，我中有你”的两国，为何没能合并为一国？其背后却有很多故事，我来细说两国的前世今生。

早在17世纪，澳大利亚和新西兰是远离人类文明中心（欧亚大陆）的荒凉之地，可以说是世界的尽头。澳大利亚是于1606年被荷兰国航海家扬孙发现的，人们把1606年之前的澳大利亚定义为史前时代。新西兰则是在1642年被荷兰航海家塔斯曼发现的。和当时的澳大利亚原住民一样，新西兰的原住民毛利人也没有文字，因而1642年也可以定义为新西兰进入文明世界的元年。

文明世界的两个新生儿——澳大利亚和新西兰，也获得了类似于孪生兄弟一样的两个名字。澳大利亚最初被命名为“新荷兰”（NewHolland）；新西兰的乳名就是“新西兰”。因为当时荷兰国的两个大省，一个叫荷兰省，另一个叫西兰省。澳大利亚

和新西兰虽然都是荷兰人发现的，但真正扎根在这里的则是后来的英国人。把澳、新两地纳入英国人版图的，则是英国人库克船长。

1769年和1770年，库克船长先后在新西兰和澳大利亚登陆，宣称了澳大利亚和新西兰都属于英国。于是，澳、新这俩兄弟就有了共同的主子——英国。1788年，英国殖民者将澳大利亚大陆、塔斯马尼亚岛和新西兰的殖民地统一划归为“新南威尔士”。

然而，分化也从此刻开始。1825年，塔斯马尼亚岛首先脱离新南威尔士，成为与新南威尔士平起平坐的殖民地，直接隶属于英国。随后，“新南威尔士”多个区域也都追随塔斯马尼亚的步伐，从“殖民地的一部分”变成“直接殖民地”。1841年7月，新西兰也步人后尘，宣布脱离新南威尔士。这意味着新西兰总督此前是向新南威尔士总督负责，现在直接对英国国王负责。

1788年的新南威尔士州，英国人只把它当成流放罪犯的地方。英国指派的新南威尔士总督，就是一个大监狱长，蛮横暴戾、独裁专断。到了19世纪20年代，由于英国本土失业率攀升，英国把新南威尔士作为安置过剩劳动力的场所，同时也输出过剩产品。几十年间，新南威尔士逐渐发展出和欧洲文明非常接近的商业、农业。这里的新移民们，要求新南威尔士也如同英国一样，让总督的权力接受议会的约束。于是，新南威尔士掀起了风起云涌的地方自治运动，开启了深刻的社会变革。英国式的议会制被移植了过来。新西兰也正是这一阶段从新南威尔士独立出来，成为直接隶属于英国的殖民地。

另外一个重要的原因是澳大利亚和新西兰两国对待原住民的

态度不同，让两国渐行渐远。当时澳大利亚殖民当局与土著关系紧张，英国殖民当局大肆屠杀消灭澳土著人。仅仅当时白人屠杀土著人的“弗雷泽惨案”，一次就杀了近两千人（这在地广人稀的澳大利亚是很大的数字）。殖民者还用卑劣的手段，以土著人杀土著人。几乎是要种族灭绝，使澳大利亚成为白人的天下。

澳大利亚这种唯白人独尊的基本国策延续了很长时间。1901年，澳大利亚联邦成立后，还实施了臭名昭著的“白澳政策”，就是要严防有色人种（主要防止华人）入住澳洲。

而新西兰的原住民是毛利人（现在占总人口的15%），是新西兰非常重要的一个族群，构成一股强大的政治力量。在新西兰从新南威尔士独立出来的前一年，也就是1840年，英国殖民当局与新西兰土著人签订了《怀唐伊条约》。成为新西兰的“建国文献”，它确定了新西兰主权的来源。这份条约规定新西兰土著毛利人将此地的主权出让给英国殖民者；作为补偿，英国许诺毛利人可得到英当局的保护，并可享有“英国国民所享有的一切权利和特权”。

因此，1901年澳大利亚联邦成立的时候，邀请新西兰加入联邦，新西兰派代表参与讨论制定澳大利亚联邦宪法。宪法明确写了澳大利亚联邦包括新西兰，这一条款至今一直没有修改，保留了当时邀请新西兰加入联邦时的样子。

然而在加入联邦的谈判过程中，最终两国还是谈崩了，这主要还是两国对待原住民的态度不同。因为如果加入澳大利亚联邦的话，新西兰的毛利人担心自己的权利会得不到保障。除种族问题外，还有距离问题。新西兰的惠灵顿离澳大利亚的墨尔本有1 600公里，在当时的交通条件下，实在是太遥远了（相当于沈阳到海口的距离）。

在军事和外交上澳新两国既合作又分歧。它们都是地处世界边缘，不得不组成联盟。1915年4月25日，第一次世界大战中澳新两国组成联军赴欧洲作战，在土耳其的加里波利半岛（The Gallipoli peninsula）登陆，由于大多士兵没有接受过夜间登陆训练，再加上对半岛地形一无所知，错误地登陆在目标以北的一个无名小湾。澳新军团本来预期的海滩和小坡，意外地变成陡崖之底，结果使8 709名士兵阵亡，负伤19 441人。相当于新西兰10%的人口阵亡（当时新西兰总人口约一百万），相当于澳大利亚总人口的5%伤亡（当时澳洲人口是500万），澳新成为一战伤亡率最高的国家；从此之后，4月25日就陆续被澳大利亚、新西兰、英国、加拿大等国定为纪念日（Anzac Day），尤其在澳大

利亚和新西兰，这个纪念日已刻进每一个人的内心，成为两国的“阵亡将士纪念日”。

二战结束后，国际形势发生重大转变：英国实力衰败、美国跻身超级大国、苏联式革命浪潮在东南亚孕育激荡。东南亚如果要变红，可直接钳制着澳、新两国。于是，澳新两国改变策略，投靠美国。起初美国是不愿意的，但1950年开始的朝鲜战争，让美国发现自己必须巩固在西太平洋的战线，因而接纳了澳、新两国成为自己的新盟友。

1951年9月1日，美国、澳大利亚、新西兰三国在旧金山签订了军事同盟协定。美国密集部署了在西太平洋的棋子。澳新两国同在美国阵营，军事上联系更加紧密了。然而渐渐地美、澳、新三国在合作当中显露出了分歧。美国给澳、新两国安排军事任

务的时候，澳大利亚往往欣然接受，而新西兰则多次暗中抵制。比如说1983年，美国打算试射一种新的洲际导弹，恰好，澳大利亚和新西兰之间的塔斯曼海适合这么远的射程。美国人找到澳、新两国说：你们来帮我建立试射设施。澳大利亚是满心欢迎，而新西兰则一口回绝。

再比如1984年底，美国以军事演习为由，要求美军舰布坎南号进入新西兰港口。布坎南号驱逐舰虽然是常规动力驱逐舰，但设计制造时候预留了核能力。新西兰坚持“无核化”政策，拒绝了美军舰入港口的要求。也正是在这之后，新西兰直接退出了1951年签署的《澳新美同盟条约》。但新西兰与澳大利亚签有防务合作协定和《进一步密切防务关系协定》，同东盟和南太岛国签有军队互助计划。与英国、澳大利亚、马来西亚和新加坡于1971年签署《五国联防安排》。

近些年，澳、新两国在处理内政上也分歧颇多。在西方政治坐标轴上，澳大利亚相对于新西兰来讲，属于比较保守的右派。简单讲追求降低福利也降低税收，维护大财团利益，主张减少工人和工会的权益。而新西兰则偏“左”，政客们热衷大谈“平等”，增加税收、增加福利。在对待内政上的分歧，也让澳、新两国缺乏重新组合成一个国家的可能性。

澳大利亚和新西兰目前都是发达的资本主义国家，既是英联邦的成员国，也是五眼联盟国家。澳大利亚作为南半球经济最发达的国家和全球第12大经济体、全球第四大农产品出口国，多种矿产出口量全球第一，因此被称作“坐在矿车上的国家”。同时，澳大利亚也是世界上放养绵羊数量和出口羊毛最多的国家，也被称为“骑在羊背的国家”。澳人口高度都市化，近一半国民居住在悉尼和墨尔本两大城市。同时也是一个体育强国，常年举办全球多项体育盛事。澳大利亚积极参与国际事务，是亚太经合组织的创始成员，也是联合国、20国集团、英联邦、经济合作与发展组织及太平洋岛国论坛的成员。国民非常富裕，人均国内生产总值约7.8万澳元。

新西兰农牧产品出口约占出口总量的50%。羊肉和奶制品出口量居世界第一位，羊毛出口量居世界第三位。世界银行将新西兰列为世界上最方便营商的国家之一，其经济成功地从以农业为主，转型为具有国际竞争力的工业化市场经济。人均国内生产总值约6.3万新元。惠灵顿是新西兰的首都，位于北岛南端，是地球上最靠南的首都，是新西兰的第二大城市，与悉尼和墨尔本一起成为大洋洲的文化中心，人口约50万。

我走遍了新西兰大小城市。从北岛到南岛，从奥克兰到丹尼

丁，从惠灵顿到皇后镇，从基督城到冰川峡谷，山山水水，大小城市统统走了一遍。我被新西兰洁净的空气、优美的环境、令人惊艳的奇景、朴实善良的民风深深地折服。新西兰最值得一提的就是皇后镇。这里处处是景点，山、水、花、城融为一体。每一个细微之处都可以打动人。景色变化万千、宛如仙境。山顶常年不化的白雪冰川，冰盖下的青山，再下一层的绿树鲜花，山脚下的湛蓝湖泊，还有湖畔的比基尼女郎，连为一体。展现在你面前的是一个天人合一的巨画屏风。让你在一个场景看到一年四季同框，让你惊叹到不能自拔的程度。其冲击力让人无法想象，终生难忘。

（写于2022.5，上海）

第四篇

友人故事

1 我的市长房东哈罗德（Herold）

哈罗德（Herold）是澳大利亚M市的前市长，也是我的原房东，一个令人感动的澳洲老人。

许多年前的一个室友白明给我打电话，告诉我：我们的原房

东哈罗德病重住院，可能快不行了。我急忙买了礼物，和她一道赶往医院看望。由于平时工作忙，我已经两年没有见到这位善良的老人了。跨进病房，看到哈罗德躺在病床上，骨瘦如柴，两眼深陷无光。我心里非常难过。白明向他介绍说，“这是HR来看您了。”他转过头，目光迟疑，毫无表情，口中喃喃自语。想必已经失去了记忆，进入弥留之际，今年他已经90岁了。一个无私善良、英雄般的老人快要走到他生命的尽头。

我认识哈罗德是十几年前的一个偶然机会。那时我是中国政府派往澳洲的高级访问学者，而他虽然早已从M市市长的位置退休，却还担任着澳亚友协的主席。和他的交谈中得知，他对中国很有感情，一直从事中澳友好的事业。早先，他在澳洲工党任职，1972年参加过中澳建交的谈判，他去过中国五次，到过大寨和大庆。见过周恩来总理，也会见过陈永贵、江青、王洪文等。他知道我刚到澳洲，正在寻找住处，就热情地邀请我住到他家。

他家的别墅是坐落在M市的一个高档居民区。他热情地向我介绍房屋的情况，为我准备了一个非常温馨的房间，配备了必需的家具和床上用品。这时我才发现，他原来是个单身汉，一生没有结婚。家里还住着另外几个外国留学生。房屋宽大静谧，后花园长满了花草树木，还养着金鱼和两只狗。这一切，令我感到新鲜和兴奋。我怀着好奇的心情开始探究房东哈罗德传奇的人生。

哈罗德是个虔诚的基督徒，也是个二战老兵。当时日本开始入侵南亚诸国，空袭轰炸已经到达澳大利亚北部的达尔文。那时哈罗德正和他的女友热恋。国难当头，国民群情激愤，他和女朋友也不例外，一起参军入伍，参加了对日作战。哈罗德被派往作战第一线——巴布亚新几内亚，因为那里已经有日军登陆。而他的女朋友作为战地军医护士却被派往马来西亚。三年后日本投降，哈罗德佩戴一级英雄勋章光荣回国，而他的女友却决定留在马来西亚，继续参加马来西亚战后重建，为当地居民服务。从此他们天各一方。那时战争刚结束，通讯非常困难，没有电话，也不通邮件，彼此是死是活没有音讯。他们是虔诚的基督信徒，此一别就是三十多年，双方都没有另找爱侣，坚守着各自的诺言。70年代，他们才有了彼此的消息。再见面时都已满头银发，感伤万千。三十多年的磨难，让他们都孑然一身。

战后回到澳洲的哈罗德，一直投身于政府工作和社区服务。由于二战的经历，他特别理解亚洲人民的苦难。从60年代起，他就开始在自己的家里，资助接待从亚洲来澳的留学生。先后有一百多名从亚洲各国来澳的留学生在他家居住过。1961年，他接待了第一个马来西亚的华裔留学生，而三十年后，他又接待照顾了这位留学生的儿子。父子两代人先后加起来在他家住过9年。那时，和我同住他家的，是一位从非洲苏丹来的黑人留学生戴维。毕业后，戴维找到一份保安工作，位置较远，很不方便。哈罗德知道后，硬是从自己的退休金中省出钱，给他买了一辆车。戴维在他家整整免费居住了7年。

哈罗德是一个非常仁爱慈祥的老人，我在他家居住的两年时间里，他给了我巨大的帮助。他带我去教会，认识很多朋友，了解这个陌生的国家。我的车在路上抛锚，他赶过来帮我修车拖车。放假了，他带我们去郊外露营、旅游。他家的一面墙上，挂满了从世界各地寄来的，许许多多的问候贺卡。一个个愿望、一声声问候都是他曾经帮助过的人发来的。

在他家居住的日子，我常常感受到他的道德精神力量，印象非常深刻。闲暇时我常和他一起出去散步遛狗，他总是随手拿着一个长杆和一个塑料袋。他一边走一边捡拾丢在路边或漂在水里的瓶子和垃圾，每天如此。一个退休的大市长，成为一个捡垃圾的老汉，总以为是作秀。可看到他，认真严肃，天天如此，不由得油然而生敬意。一次我和他外出，在一个很高的山上玩，我不小心将一个易拉罐掉到山下了。那里荒郊野外，几十里不见人烟，哈罗德看到了，立即步行走下山，把它捡了起来。回来后，他对我说："易拉罐不仅污染环境，最重要的是，它的底部是个凹面，如果位置合适，当太阳照到上面，它能聚集能量，进而引起森林火灾。"我感到又羞又愧。他让我懂得每一个人都应该对社会负责，对他人负责。任何高调的口号都必须从我做起，从小事做起，从现在做起。人人爱我，我爱人人，社会才能和谐进步。

哈罗德渐渐老了。在他80岁生日的那天，他没有一个子女和亲人，却来了很多很多客人。有从美国赶来的，有从新加坡赶来的，有从欧洲打来电话的。中国使领馆的文化教育参赞也专程前来祝贺。他非常兴奋，将十年前的遗嘱拿出来当众宣读。他要把他的这栋价值不菲的别墅，捐献给当地土著人以资助他们的孩子接受教育。他以为他们这些白人当年侵占了土著人的土地，使他们失去了家园，每个人应该做点什么回馈他们。他一直有忏悔的心。他的这一举动，深深地感染着我，触动着我：人到底应

该怎样生活在这个世界，怎样对待周围的人和事，怎样索取和给予。

中国老艺术家达奇先生，在澳洲筹拍大型电视纪录片《澳洲情》，我获邀参与其中。哈罗德的事迹在澳洲很有影响，人人皆知。我们的第一集就是《人间有情——澳洲的活雷锋》，介绍哈罗德的人生事迹。今天我将我和他相处的点滴故事，奉献给大家，以飨读者和观众。让善良和爱心的美德永存人间。

尽管哈罗德这盏灯就要熄灭了，可他的精神不灭，他的灵魂永生。我将以他为师为父，直到永远。愿上帝保佑他和他关爱的人们。

（写于2009.9，墨尔本）

2 初识美女画家郭燕及其作品

著名女画家郭燕，是我的同乡，也是我的中学校友。然而我与她相识却是很晚的事。2008年家乡发大水，许多地方受灾。侨居加拿大温哥华的郭燕，忧乡之心日重，上网查看灾情报道，却意外看到了我写的《回忆母校85周年》的文章。于是便和我建立了联系。由此知悉，她这么一个大画家原来是我的老乡和校友。

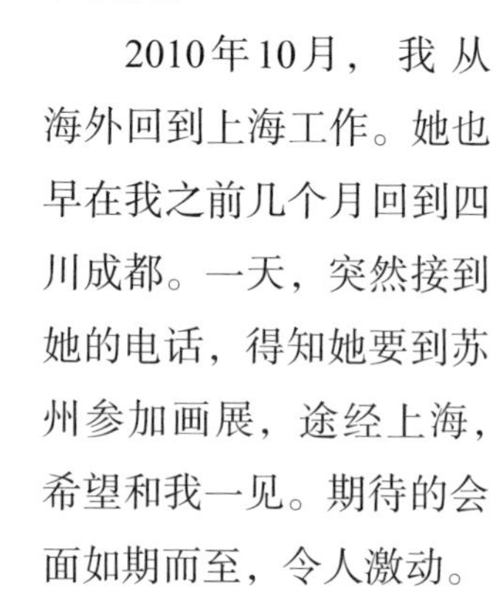

2010年10月，我从海外回到上海工作。她也早在我之前几个月回到四川成都。一天，突然接到她的电话，得知她要到苏州参加画展，途经上海，希望和我一见。期待的会面如期而至，令人激动。

见到真实的画家郭燕，比照片上的郭燕，美

丽多了。严格地说，是一个活脱脱的大美女。高挑的身材，娇美的面容，目光略带一点忧郁。她穿着朴素但非常精致，带着艺术家的独特气质。初次见面，印象极为深刻。落座交谈，她打开了画册，给我讲解作品。话题逐渐展开，题材也很广泛。画家表面上矜持腼腆，但思想深邃，见识独到。面如平湖，内涌波澜。

郭燕的油画，给人以巨大的视觉冲击感。她的作品从《紫色印象》系列，到《飘》系列，《浮》系列，还有现在的《菩提》系列，在油画语言的表现上有所不同。看得出她在画法技巧、色彩掌控、画面造型等方面有很深的造诣。她的笔触坚定果断，表现出画家内心的坚韧与果敢。在灰暗辽远的背景下，一棵火红的菩提树（菩提系列No.21）跃然眼前。一个个裸体女孩，摆着各种姿势，在烈火般的树枝中升腾。看得出画家对生命起源和归宿的思考。我问画家郭燕，这是否隐含什么宗教的东西，她嫣然一笑，说："我本人不信教，但绘画作品要每位观众自己理解。"她的《飘系列》和《浮系列》作品中，一对对男女或相拥或相背，在无际的天空中睡眠。下面或是灰暗的城市，或是翻腾的乌云，抒发着人生在自然面前的无奈。面对着许许多多的灾难及不确定性，无论我们是否愿意，都必须接受，或现实或梦中。由此可以看出，画家郭燕对自身命运的悲悯和感伤。这也成就了她自己的风格，其作品被许多美术馆收藏。

第二天，郭燕邀请我和她一起参观上海美术展。一些新型艺术种类，让我眼花缭乱。许多所谓的"装置"作品，绘画、"影视"作品晦涩难懂。我不断地批评这些参展者的作品。而郭燕却称赞不已。这就是"外行看热闹，内行看门道"。艺术家就是艺

术家，欣赏也是一种能力和境界。

2011年“三八”妇女节，成都市妇联、《成都女报》、新浪四川联合推出2011“十佳倾城”自由新女性评选活动。郭燕以“才艺倾城”当选为成都十佳“倾城”新女性。成都市表扬了来自政界、商界、艺术圈和各个领域的精英女性。郭燕邀请我参加了她盛大隆重的颁奖典礼。我为她自豪。

郭燕是一位心灵的守望者。她守望那渺然、黑暗、冷漠的天空。她充满忧患意识，富有责任感。“菩提本无树，明镜亦非台；本来无一物，何处惹尘埃。”这是她作品的主题。

我喜欢像郭燕这样的感知女性艺术家。有思想、有深度、有追求、有成就。为人平实，待人真诚。我为她感到骄傲。

（写于2011.5，上海）

3 相识油画大师何多苓

何多苓老师是中国油画界的泰斗，一位让我高山仰止的大师。

认识何多苓老师是在成都的一个欢迎宴会上。美女画家郭燕是何老师的学生，她邀请了大师参加宴会，这是我第一次见到何老师。

第二次与何老师的相遇是在上海美术馆他的个人画展上。当时何老师在举行他绘画40年最有分量的一次个人画展《士者如斯》，我有幸被邀请。何老师把他许多被美术馆珍藏的作品借出来展览，迷倒了千千万万的观众。

第三次见到何老师，是2011年9月27日，他和他的学生们在上海联合举办《我们的青春》画展，我被邀请参加开幕式。

我对何老师的作品如醉如痴，喜爱极了。1948年何多苓生于成都，是中国当代抒情现实主义油画家，成都美术学院的教授。作为“伤痕美术”的代表人物，20世纪80年代初，何多苓即以《春风已经苏醒》《青春》、连环画《雪雁》等作品轰动一时。其作品曾获第六届全国美展银奖、铜奖；第七届全国美展铜奖，摩纳哥政府奖等。1992年，其作品《今夕何夕》颠覆其一贯恪守的焦点透视法则，首次使用双重空间的处理手法，更为趋近中国古典绘画风格。从《婴儿》系列到《家族》系列，何多苓老师的当代艺术创作从未停滞过。20年来他的画风每个阶段都有明显的变化，如《生命》《向树走去》《冬日男孩》《红色天气的马》《乌鸦与女人》《后窗系列》《偷走的孩子》《迷楼系列》《庭院方案系列》《小蚊》《凯文》《带阁楼的房子》。每个时期的变化有着不同的主题，唯一不变的是他的神秘忧郁的气质。

受何老师的影响，他的研究生也有了他的画风。这次“送别我们的青春——何多苓与他的学生展”明显有何老师对青春的理解。二十多年前那幅让何多苓老师闻名于画坛的《春风已经苏醒》，其实多少有些孤独和伤感在里面。当时大的氛围还是“伤痕美学”的集体意识。1984年画的“青春”也是这样。美丽而又忧伤的青春情绪，游荡在当时乡土现实主义的艺术风格中。

何多苓笔下的女人大都具有一种悲剧性的美丽情愫，表现了生命的虚无感和一种高贵的颓废，而“青春的失”和“伤逝”正是这种生命意志不断衰减的核心。2007年，何多苓重拾这个话题，以一种顽童式的游戏心态与自己的“青春”告别，这是一种具有仪式感和英雄气概的转身，它重新定义和改写了关于“青春”的争论。在何多苓老师看来，青春的本质其实就是游戏，他以一种过来人的身份回望“青春”，并将这种回望的目光投射在他的学生们身上。

作为老师，何多苓的身上保留了类似19世纪浪漫派艺术家的气质。也许是源于四川美院那种生活与艺术、学生与老师、社会与课堂打成一片的传统，何多苓对学生的影响是多方面的、立体的。而“青春”气质和游戏心态是联系他和学生之间的一条纽带，正是这条纽带将郭燕、何千里、梁克刚、李昌龙、向庆华、曾妮、曾朴、张发志、郑越、朱可染等艺术家聚集在这里，讲述他们的关于生命、成长、友情的故事，特别是自己关于青春的思考和记忆。

郭燕、曾妮、郑越、朱可染都是女性画家，她们的作品中都散发出一种忧伤、美丽、宁静、梦幻的青春气息；向庆华、张发志、李昌龙则在其作品中直接表现青春的残酷和迷惘；何千里和曾朴的绘画有一种自发的才情与感性；而梁克刚表现出对现实的反叛、挑衅和自我否定，都体现了一种基于生命意义之上的“青春”气质，这种气质与何多苓作为教师的言传身教息息相关。所以，这个展览不仅仅是关于何多苓和他的学生们，从生活方式与艺术创作的关系上来讲，它讲述的是一个关于“我们”如何告别“青春”的故事，也是何多苓艺术中人格魅力的具体体现。

我喜爱何老师的作品。

（写于2012.7，上海）

4 探寻成都艺术群落

早就听说，成都是一个画家聚集的地区，全国许多知名的大家散居在此。来成都度假，特地走进画家郭燕的工作室。探寻一个极具品位的才女的艺术和精神追求，了解她的内心世界。这座休闲的天国养育着画家的气质，修炼着艺术的天分和灵性。

郭燕的画室坐落在蓝顶艺术园区。她租了一个巨大的简易厂房，里面布满了作品和书籍。有巨幅油画，也有小样和装置作品。画室的天花板只是简易的水泥瓦，四面透风，没有任何隔热保暖措施和装备。一个冬天很冷，夏天很热的地方。她就在这样

的环境中完成一件件“惊世”作品。

郭燕是幸运的，她有一个令人羡慕的家庭。上帝把美貌、才华和金钱全给了她。然而富裕的生活没有消磨她的意志和追求。她的作品从《浮系列》，到《飘系列》，再到《菩提系列》，看得出画家的内心深处激流汹涌，像冬天封冻的山溪，也像火山爆发的岩浆。郭燕在浪漫和伤感的表象之下，透露出她对精神自由的执着追求。她的艺术成就，赢得了世人的敬仰。她以“才华倾城”赢得成都市“十佳倾城”女性大奖。

画家郭燕非常热情地接待我的来访。开着自己的绿色敞篷小跑车，带着我四处走访她的画家朋友。晚间邀来了在蓉知名画家朋友作陪聚餐。我有幸见到画家何多苓、邱光平、徐丹，文艺评论家陈默、梁克刚等一大批文艺界大腕。

油画泰斗何多苓，给我的印象儒雅而博学。他的作品还未出来，就有人以百万千万订购。他在蓝顶艺术开发基地有自己的画室和别墅，有许多学生和粉丝。

邱光平的画室在一栋别墅小楼里。他把马画得非常独特，尤其是马嘴画得血淋淋的，给人极强的冲击感，让我目不忍睹。然而画家却有自己的寓意。他给我讲，艺术作品，不仅要给人以美感，还要批评和引导社会。他赠给我他的画册和光盘。看得出他是一个珍视友人友情的人。

油画家徐丹，单身独居在一个高楼里，房间不大，满屋都是作品。他擅长画人物和静物。画风细腻而精致，简直美轮美奂，逼真无比，比照片还真。他的写实风格我非常喜欢。

郭燕 女人的自信，
比成功更重要

文艺评论家梁克刚，看上去有着“民国”的“范”。戴着圆饼眼镜，留着短胡须。一副愤世嫉俗的样子。整个晚上他滔滔不绝。对社会的看法犀利、深刻而独到。没有任何做作的成分，坦荡而直率。我很喜欢他这样的人，希望与他这样坦诚的人为友。

和艺术家在一起，让人感觉轻松很多。他们为人少戴面具，活得真实。他们追求精神自由和个人理想，实现自我价值，让人好不羡慕。

（写于2014.6，上海）

5 遥望父亲的背影

父亲去世已经整整16年了。每到清明，我的心犹如绵绵细雨，夹着思念和歉疚，淅淅沥沥。父亲的音容笑貌浮现在我的眼前，他病重去世时的情景，令我痛彻心扉。

那是2004年7月。我计划带妻子和远在美国的大女儿回国探亲，准备参加父亲80大寿生日聚会。父亲得知后非常高兴。我在家排行老小，一直是他最疼爱的小儿子。母亲早年去世，父亲独自一人含辛茹苦养育我成人，直到我大学毕业后，父亲才续弦老伴，过上有伴侣的生活。十多年来，由于我移居国外，很少回去看他。我期盼着早日踏上故乡的土地，憧憬着和他重逢的日子。

回乡的路是那样的漫长。需要在新加坡和北京两地转机，三天后才降落西安。当我满心欢喜地走出机场，见到的却是愁容满面的哥哥姐姐们。他们悄悄说："父亲得了癌，目前在医院治疗，可能日子不多了。以前没有告诉你，主要是怕你们操心。"听此，我犹如五雷轰顶，怎么也不能接受这个现实。父亲给我的印象一直是身体健康、精神矍铄，生活多姿多彩的。虽然退休已经很多年了，一直担任县老年体协的主席。经常组织离退休的老同志，搞体育活动：跳操、打太极、打门球。还带领大家四处比赛，拿了不少奖杯。父亲健康、积极、乐观的样子留在我脑海里，不敢想象他现已病入膏肓。

四个小时的颠簸，我们终于到了家乡医院。急匆匆走进病房，看见病床上的父亲，面色蜡黄，骨瘦如柴，满脸的老年斑，把我吓呆了。他泪眼盈盈地看着我，还有与我同来的女儿和媳妇。颤巍巍地说："你们回来就好，回来就好，真怕见不到你们了。"我冲上前紧紧握着他的手，跪在床前，心痛之泪潸然落下。他侧过头，转过身，许久无语，干涩的眼角滚下串串泪珠。原来他得了胰腺癌，肿瘤压迫胆管，导致全身变黄。食欲急剧下降，身体极其消瘦。

第二天，我向同学借了车，和三姐一道把他送到了市人民医院做磁共振检查，那里有较好的医疗设备。由于熟人帮忙，很快出了结果。主治大夫看了片子，凝重地对我们说："您父亲的肿瘤已经很大，癌变大面积扩散，恐时间不多了，快则三个月，慢则半年。目前能做的，就是减轻他的痛苦，该准备后事了。"听罢我如五雷轰顶。父亲一生奔波劳苦，非常不容易。我已过而立之年，总想带他到国外看看外面的世界，好好孝敬他几年。没想到，这么快他就要走了。子欲养而亲不待，歉疚难状，心如刀绞。

几天后就是他的80大寿生日。此刻，他亦隐约感到自己的时间不多了，很想邀请他过去的老朋友老同事聚一下，见个面，聊聊天。我知道他的心思，努力满足他的愿望，预订当地最好的饭店。生日宴会那天来了很多客人。他很高兴，把我给他买的红绸缎衣服穿上，坐在主桌。儿孙们一排一排地过来给他敬礼祝寿。所有的亲朋好友都围坐在他的身旁，县委县政府几套班子的领导也都来了。他兴奋极了，要我和哥哥代表他和大家回礼敬酒，热闹了一天。

筵席散去，我们决定马上送他去省城医院做最后的努力。尽一切可能，不惜一切代价延长他的生命。很快父亲住进了第二附属医院。由于他的血糖指标很高，手术需要两周后才能开始，而我们的签证和机票都到期了，不得不提前离开。临别时，我在他的病房里整整守候一夜。望着他焦黄的脸，心如刀绞，泪流不止。

回到墨尔本没几天，哥哥打电话说他手术不成功，只做了胆管导通手术，没切除他的肿瘤，怕创伤面太大，他这个年纪挺不过来，只能姑息处理。然而他出院回家静养两个月后，病情迅速恶化再次住院。我得知后，马上买了机票，第二天就赶到了医院。再次见到父亲，他已病入膏肓，奄奄一息，说话都很困难了。他把哥姐们叫到一块，口述了遗嘱，安排自己的后事。我每天陪住在病房里照顾他。白天给他做按摩，晚上给他擦洗，看着各种药物一滴一滴灌进他的身体，陪他一天天走到生命的尽头。

父亲是个老干部，在家乡德高望重。他的葬礼是按照地方的风俗进行的。政府为他成立了治丧委员会。在他原工作单位布置灵堂，停灵三天供亲友瞻仰吊唁。12月1日出殡，天下鹅毛大雪。送葬的队伍像条河，在泣风雪雨中缓缓地流过县城。几百个花圈和挽联铺满了整个街道，哀乐和鞭炮声，响彻整个县城。警察封闭了交通，为长长的送葬队伍护行。路边的行人静默伫立，目送灵车经过。亲朋好友换乘几辆大巴车，送他到60公里外的火葬场。我亲手把他抬进焚尸炉，从观察窗看着他一点点燃烧离去，烈焰中留下一堆骨骸。默默为他天国之路祈福。那撕心裂肺的场景，久久难以忘怀。心里暗暗思忖："再过一些年，我一定去天堂找您和妈妈，我们一家人还要聚在一起。"

告别父亲，回到墨尔本的日子，我只剩下一个被掏空了的躯壳，头脑一片空白。真真切切地感受到父亲永远地、实实在在地离去。妈妈早早先他而去，而如今他这棵大树也倒了，我们这个温暖的大家庭从此就要散了，兄弟姊妹各奔东西。我像个孤儿，像一片枯叶，无助地飘零在天地之间……

父亲，慈祥智慧、勤劳坚韧、乐观坦荡、爱子仁德的形象永远活在我们心中。

（写于2020.10，上海）

6 青年画家陈芸及其作品

相识画家陈芸，始于她的作品。由杭州恒庐美术馆和浙江艺术网主办的“树·蝶–郭燕陈芸作品展”，陈芸的蝶变系列作品，让我产生浓烈的兴趣，很想结识画家本人。从她的作品中看到画家内心的浪漫和温柔，悲凉与凄婉，遭受的生命伤痛和抗争。一个陌生而深沉的世界。

2011年，我去成都旅行，顺道去看了蓝顶美术馆的“珠联璧合”——南方女艺术家邀请展。期间，她的两幅作品再次吸引了我。从友人郭燕处拿到她的电话，给她发了一个短信，想到北京专程拜访她。可是她马上回信，告诉我她很快要来上海，希望在上海见面。按约匆匆赶过去，见到真实的陈芸，比照片、媒体中的陈芸更漂亮，她年轻纯真，安静阳光。交谈中发现她思维敏捷、目光犀利、谈吐文雅。原来她和我同一天生日，同一个属相，整整小我一轮。她邀请我看了她朋友的画展，又和大家一起吃完晚饭，最后去“新天地”看演出。

陈芸是一位出道较早的艺术家。早在大学二年级的时候，她就用显露出个人特质的艺术语言，创作了《永恒的飞翔》系列作品。这些作品流露出她的温暖和细腻。陈芸的另一组作品是《蝴蝶系列》。蝴蝶是画家陈芸的艺术创作灵感来源，其丰富的种群、美丽绚烂的色彩、短暂的生命，以及所经历的痛苦蜕变，是陈芸对生命的感悟。此后不久，陈芸开始将她的蝴蝶制作成琉璃雕塑。《伤逝》就是她的一件重要的琉璃雕塑作品，是鲁迅的同名小说激发了她表现一种苦涩而又凄美的情感。毫无疑问，从《永恒的飞翔》到《伤逝》对美好事物无情流逝的、充满哀伤的感叹，陈芸一步一步逼近了冷酷的生活现实。

陈芸在博文中这样写道："愿我来世得菩提时，身如琉璃，内外明澈，净无瑕秽。"这些大概就是她这样一个单纯、美丽、执着而又敏感的女性艺术家的追求和遗憾。

（写于2011.10，上海）

7 我家邻居是个大人物

我们澳吐纳（Altona）村最近出了位大人物——澳洲新总理——茱莉亚·吉拉德（Julia Gillard），澳洲历史上第一位女总理（图为她家）。身为该村的村长，我深感荣幸。因为不管她地位变得有多高，她毕竟还是我们村的村民。她家与我家一墙

之隔，是我实实在在的邻居。我们都在此居住超过10年，难免抬头不见低头见。村民成了国家元首，我自然高兴。一时间，我们这个海滨小渔村声名鹊起。各路媒体前来采访。这家问：您以前认识她吗？那家问：她住这时邻里关系怎么样？您感觉她人怎么样？平心而论，我以前和她没什么交往。我们在街头遇到时相对一笑，问声好而已。从新闻报纸上看，才知道她成了澳大利亚新总理，就住在我家的背后，院墙挨着院墙。

她家是一个非常普通甚至有点破旧的一层小平房。10年前她买该房时花了14万元，而我同期购买她的隔壁房屋花了23万，可想而知我的房比她的房好了许多。2005年我已搬到紧邻大海的另外一幢大别墅，而她还住在那里。由此可见，她的经济状况并不多么好。在澳洲从政，靠那点政府工资，非常有限。

然而我对她的了解始于三年前。那时她和陆克文两人搭档，领导工党大选获胜，击败自由党连续11年的执政。陆克文当上总理，而她当上副总理。陆克文是个中国通，在中国知名度很高，几乎家喻户晓。在上海当过总领事外交官。在台湾上大学，主修中国文化，能说流利的汉语。经常用普通话和中国领导人会话。人常说："天不怕，地不怕，就怕陆克文说中国话！"他在北大用中文的演讲曾迷倒了许多大学生。

然而，这对搭档最近却出了问题。他们一直推动一个叫矿产高额利润税的法案，得罪了大财团。近几年，澳洲的矿产价格飙升，而开矿的全是外国公司。他们拿了澳洲全国人民的资源去卖钱，获得高额利润。陆克文政府想额外征收他们的附加税，这下得罪了财阀。他们大批裁员，导致大批职工失业，走上街头闹

事。另一方面，在媒体大造舆论，希望把陆克文赶下台。本来这是一个对澳洲全体国民有好处的事，却被财阀煽动转变成一场反政府事变。陆克文的民调直线下降，内部开始分裂。吉拉德作为陆克文的副手，本应和他同舟共济，共撑危局。而她不但没有这样做，反而临门一脚，突然反水，公开站起来反对陆克文，逼迫他黯然辞职，而她自己顺续接任总理。她这件事表现出她的道德操守问题。由此我对她的好感大打折扣。尽管她是我们村的村民，但为人缺乏厚道，就是人品问题。

新总理茱莉亚·吉拉德先前就是我们选区选上去的参议员。她一直是个单身，没有结婚。她的男朋友是个理发师，她常去他的店理发，两人相识同居。用我的眼光看这男人又丑又老，不知为何新总理茱莉亚会看上他。真是萝卜白菜，各有所爱。

自从她当上联邦总理以后，给我的生活带来很多不便。政府在我家和她家院墙上安装了监控设备。并在她家门口放了一个集

装箱，算是一个简易房。里面24小时有联邦警察对她进行保护。我家与她家门口的街道200米以内不准其他人停车。很多来我家做客的朋友不得不老远把车停下，慢慢走过来才行。最让我不高兴的是，一天晚上，我回家较晚，开车经过这位新贵总理的家门口时，被两位联邦警察截住了。要检查我的后备箱，查我的驾照和家人。非常无理地问我，“为什么把车开得这么慢？”我反问道，“我住这里我要回家，不行吗？”他发现我车上有鱼竿等工具，问东问西，没完没了。这是我的家，道路是公共地带，他们凭什么对邻居进行盘查。我非常生气，和他们理论起来。最后他们一脸无奈地放我回了家。

气归气，静心一想，人家毕竟当了总理，是国家元首了。享受点特权保护也是应该的。但是，如果他们如此扰民，破坏我们村原有的宁静，那她就成为我们村不受欢迎的人。希望她还是搬到堪培拉去为好，千万别在我们村久留。

（写于2010.3，墨尔本）

8 画家余学凡及其作品

深圳的一位画家友人知道我崇拜艺术家，喜好收藏艺术作品。极力推荐我去景德镇见她的一位画家师弟——余学凡。友人富有情感的描述，引起我极大的兴趣。大年初三早晨5点，我从深圳飞抵上海，8点转飞景德镇，几乎没有睡觉。

一路上，我一直想象画家的年纪和模样。飞机降落景德镇，直接驱车前往画家余学凡的家。出来迎接我们的是一位头戴瓜皮帽、个子不高、其貌不扬的年轻人，原来他就是画家学凡。画家的家是个四层的别墅，夫人年轻漂亮，有两个孩子。家里有一只牧羊犬，虎虎生威有点吓人。画家热情地把我们迎进他的画室，给我们讲解，展示他的书画和陶瓷作品。

画家学凡，号憨石，生于1974年，原任教于江西省南昌理工学院。他原来学习油画，后来改学国画，现专画牡丹。曾获得1998年江西省青年油画展二等奖，2009年景德镇首届民间陶瓷作品展金奖。他是中国工艺美术学会会员，中华诗书画印协会会员，景德镇市民间陶瓷协会会员。2008年被国际著名牡丹画家——大老崔（崔廷玉老先生）收为入室弟子、崔氏牡丹继承

人；2009年被联合国世界美展主任委员——禹青植先生收为关门弟子。他现在的作品，被专业商家全部收购。一幅绘画作品要卖几十万。

余学凡的牡丹与众不同，有种别样的美。他笔下的每一枝牡丹，有生气，有情义，向人传递着诗的情感意境。整个画面透出鲜活的生机，传达着美的情感。看他的画，每幅作品或大或小，或红或青；华而不浮，生而不疏；鲜活传神，丰富寓理。

诗言志，画映情。余学凡的作品，是他真实情感的宣泄和对艺术的追求。画源于生活，却不完全是对生活的简单临摹，而是对生活的深刻感悟和再创造。把自己的情与志融于绘画，使自己的灵魂与画作成为一体，赋予其新的精神。如同他在《论陶瓷创作个性与艺术风格》一文中阐述的：当他成功地将所要表现的题材融为一体，成为美的产品的时候，无形中自身也凝练在作品中了。

画家学凡为人朴实憨厚。一次相识，终生相友。

（写于2013.5，上海）

9 初读陈静及其作品

久闻陈静其名，然与之相遇、相识、相知，却属偶然。

那是两年前的一天，我的好友王越（摄影师）与她外出拍摄回来，路过我在皇家理工大学（RMIT）的办公楼时，打电话向我借磁盘。因楼前不能泊车，我只能应约下楼。那时陈静就坐在车里。见了面，王越介绍这就是《少年留学走天涯》的策划、编导、制片人陈静。初次相会，握手寒暄之后，留给我的却是愕然！此前我对陈静的了解是从观读她的作品开始的。后常听好友提到她的点滴故事，我便有了好奇。想象中，她应该是一个高大、强悍、果敢、风风火火的女子。然而这第一次会面，见到的却是一个娇小娟秀，衣着朴素而不施修饰的小姑娘，尽管她说她已经是两个孩子的妈妈了。

她得知我也是影视制作的发烧友时，用略带江浙口音的普通话与我在路边攀谈起来。她告诉我她正在筹拍

一部二十集大型电视纪录片《澳洲新移民的故事》。完全自己投资、自己主持、自己编导。她要用自己的镜头去挖掘、真实记录那许许多多80年代中后期，从中国大陆移民澳洲的同胞在异国他乡艰苦奋斗的故事。她说她一直有一种使命感，有一颗躁动的心在驱使。

此言一出，掀起我内心一片涟漪。因为早在几年前，我与著名艺术家达奇先生合作拍摄十集电视纪录片《澳洲情》时，就曾拥有过与她同样的激越心情。可后来由于特别的事故未能完成所有拍摄，给我留下许多遗憾。交谈中，陈静自信、坚定的性格，敏锐的视角，独特的人生经历，强烈的事业心给人以咄咄逼人的感觉。几天后，她正式打电话邀请我参加她的剧组。要我主持编导一集《汪正亮和他的女儿——IB世界冠军汪晓宇》（以下简称"汪晓宇"）的故事后，我才有机会近距离观察这位亚太集团（影视）的"陈老板"。

我的专业是飞机设计。一直是在航空航天工业或相关的研究机构和大学里工作。虽获得讲师、高工、研究员、教授、博导等职称，但我真正的个人兴趣还是人文科学，尤其是综合艺术的影视表达方式。因为我从小就酷爱摄影和音乐，只是那个时代的原因让我错入了行门。与陈静进行深层次合作后，发觉《陈静日记》的选材相当深入而广泛，几乎涵盖所有新移民的热点和兴奋点，大多精彩。比如《嫁给外国男人作太太》《香蕉人》《情妇》《圆梦的代价》《夕阳移民》《洗碗状元》《保镖》《海外打官司》《小留学生》《奶吧》《IB高考世界冠军》《海归》《性工作者》等等。陈静试图从文化、人性、社会结构等不同层面去揭示中国大

陆人这个特殊的群体，在澳洲这块西方人为主的土地上的拼搏和奋斗，他们的成功和辛酸，他们的事业和生活，他们的子女和老人，他们的痛苦和幸福，他们的爱情和婚姻。

事实上，在中国的荧屏上不乏海派题材的片子，但鱼龙混杂。从早期的优秀作品《北京人在纽约》，到后来的《上海人在东京》《追逐墨尔本》《唐人街》，再到最近的《别了温哥华》。这些尽管给久居国内的观众吹进了一股清新之风，但给海外华人看了还是有点蜻蜓点水，甚至哗众取宠。毕竟这些片子的拍摄有它的局限性。导演、编剧、演员在海外直接生活体验有限，拍摄的时间、场地和经费也有限。而陈静这套二十集的大型纪录片，其题材挖掘之深是我前所未闻的。观后给人以极强的陌生感、冲击感。陈静把她移居澳洲十五年“酸甜苦辣”的感悟都浓缩于这部片子。许多敏感的镜头、敏感的话题，在征得当事人同意后，全是直接跟踪拍摄或访谈得来的。她开车几百公里去拍几个画面，她飞行上千公里去采访一个妓女。一次又一次，一天又一天。最长的题材，她已深入跟踪了五年。拍摄的素材带子摞成了堆，码成了山。我实在佩服她的勇气和毅力。

陈静现在有一个令人羡慕的幸福家庭：一个事业有成、疼她爱她支持她的丈夫，一双可爱的儿女。她常跟我说，搞影视创作是个烧钱的事业，她现在之所以可以“为所欲为”，是因为她有丈夫的人力、财力的支持。而她的丈夫却说她这个花钱的妻子，比他这个挣钱的丈夫还忙。清晨七点起床后立即就去办公室剪辑、写作，晚上七点才回家。女儿上学要丈夫开车接送，儿子才两岁多，全由丈夫和保姆照看。晚上睡觉儿子竟不让她靠近丈夫，抓她推她，示意她“滚开”。为此，陈静时常感到失落，身为人母人妻未能尽到责任。偶尔，她也忙里偷闲，带上大女儿去北方度几天假，以补偿对孩子的亏欠。

陈静刚来澳洲时也有过一段艰难的岁月：在餐馆里打工，推着小车挨家挨户推销一次性打火机和剃须刀，做袋鼠皮生意等。在异国他乡飘零，其艰辛是可想而知的。陈静的丈夫是一个早已事业有成的英俊男人，据说他与陈静的相识相爱还有许多传奇。最后，是陈静自强不息的性格，刚柔并济的气质吸引着他。他们相爱同居八年后才正式结婚。每当陈静谈及丈夫，浑身荡漾着幸福。因为她相信，女人的温柔和价值是真正懂她爱她的男人焕发出来的。

当我编导《汪晓宇》这一集时，陈静总是和我讨论片子的切入点、亮点和出点，每次现场拍摄她都跟随同行。一次去拍摄汪晓宇学开飞机的现场，我背着摄像机随晓宇上天飞行，陈静就在摄氏四十多度的跑道上翘首以待了一个多小时。当我随晓宇从空中飘摆着落地后，陈静扑上前第一句就说：“我真后悔没有跟你们上飞机。”她说她当时不知有多操心。因为那天是晓宇第一

次放单飞，第一次使用不同方向的跑道，第一次带乘客上天。的确，我一个高级飞机设计师都被吓出了一身冷汗，更何况陈静这一娇小的女子呢！

事实上，在我与陈静的相处中，感触最深的是她的执着，是她的有主见，甚至是倔强的傲骨。她对艺术的理解和对真实的追求，使你在影片的编剪中不敢有任何懈怠。记得她已身怀六甲，还经常开车几十、几百公里去追拍一位女作家和一位画家的故事。虽然她已经给当事人和摄影师付了稿费和酬劳，然而，后来由于与当事人在拍摄上意见相左，她一气之下，将辛苦拍摄六个多月的十几盘素材带子全部清洗删除。多少心血，多少汗水啊！剧组成员心疼地直蹦也无济于事。小女子做起事来，还真带点男子汉的血腥味，让人佩服。《陈静日记》这部片子已进入收尾时期，很快就要和广大观众见面了。作为该片的创作人员之一，现在写出点滴幕后故事，以飨观众和读者。愿陈静和她的作品越来越好。

（注：本文原发表在《澳洲大洋时报》2005.5.20二版）

10　爱犬，露丝（Rose）

我有个爱犬，取名露丝（Rose）。我视她为家人，就像我的三女儿。

露丝原是个乡下姑娘。是我从350公里外的湖口（Lakes

Entrances）领养回来的。她原主人的条件不太好，是个牧民，经营一个60多公顷的农场。农场没有围墙，露丝在青春期经常跑出去和情人幽会。多次被警察抓到，关到拘留所。她的主人也多次被罚款。

露丝的主人是我的朋友，一次邀我来农场度假，晚上我听到露丝狂叫不止。询问主人缘故，原来露丝又跑出去惹祸了，主人把她关禁闭。我打开门放她出来，露丝眼泪汪汪，像见了亲人。双脚扑到我的怀里，小尾巴不停地摇，一副可怜巴巴委屈的样子。我走哪她跟哪，生怕我不管她了。

带着怜悯心，我试探性地询问她的主人是否可以收养她。没想到，她的主人愉快地答应了。分别前，主人给我讲了她的身世。原来露丝是个不幸的姑娘。很小时被人遗弃，是主人从狗狗收养中心领养回来的。她还生过两胎孩子，可惜在幼年时被别人抱走，如今母子早已失散。后来，她的主人怕她在外面受野狗欺负，给她做了人工绝育手术，她从此再也不能生育。

露丝初到我家，感到很新鲜。我去商店给她买了狗狗专用睡房和用具。带她去医院检查身体，打防疫针。看得出露丝非常兴奋，小尾巴摇得欢快。我坐到沙发，她也跳过来依偎在我身边。还煽情地把头搭在我腿上，一副乖乖女的形象。可惜她总是不停地掉毛，弄得满屋都是毛。后来我就不让她随意进我的卧室房间了。

露丝一直是我的忠实伙伴。我每天带她到海滨、湖边散步。周末，我带她一起骑自行车远行。20公里跑下来，她气喘吁吁，体力不支，拉开我们很远的距离。但一叫名字，她就狂奔过来。

让她卧下，她就卧下。让她和人握手，她就把前爪伸过来，非常聪明可爱。如果外面下雨了，她害怕打雷，自己会开门躲到床底下。她想出去玩，就冲我叫，见我穿鞋就兴奋不已。发现我不理她，就用前爪拍打我的门。我生气瞪她，她乖乖地夹着尾巴，躲到她的房间里，还不时露出头看我。真是个淘气的孩子。有时也出洋相，每当有救护车或警车鸣笛时，她就跟着学，呜呜地叫，像模像样，弄得全家人哄堂大笑。

一件最让我伤心的事发生在去年，我大女儿外出忘了锁门，露丝自己开门外出云游，迷路了，竟不知道回家。我下班回来，不见露丝习惯性的欢迎，感到奇怪！满院子寻找仍不见踪影。我开车逐街寻找还是未果。第二天，我打了几十张寻狗广告，印上她的照片，贴满了火车站、邮局、岔道口。可是三天过去了，仍无消息。看不到露丝的身影，听不到她的叫声，我心里空空的，非常难过。六天过后，我去市政厅查询，他们告诉我可能已被送到失狗中心了。我急忙开车30公里前去查看，果然露丝被关在一个小笼子里。见到我，那个亲热和委屈呀！我为她交了一周的旅馆费，还有175澳元的罚款领她回家。回来后我发现她的心情灰暗了许多，也没有以前活泼了。可能是受了惊吓，也可能是责备我为什么没有早早去接她，好久才恢复正常。

露丝是个老实憨厚的孩子。我的二女儿康妮比她小很多，也敢欺负她。一会儿揪她的耳朵，一会儿骑她背上，一会儿抓她的毛。她总是乖乖地任由摆布，逆来顺受。若家里来客人，露丝总是忙前忙后打招呼。一会儿和人握手，一会儿和人拥抱。不亦乐乎！

时间飞快，一晃露丝和我们生活7年了。算算她已经13岁

了。如是人，相当于70岁的老太太。可她依然活泼可爱，精神矍铄，一点也不显老。

2010年，我决定回国工作一段时间。无人照看她了，我不得不把她再次转送他人。依依惜别，心里非常难过。不得不自我安慰：女儿长大了，是要出嫁的！但愿她嫁过去的是个好人家，能像我一样待她。

2014年我回澳洲探亲，专程驱车去看她，她的新主人告诉我她一年前就因病去世了。我一脸惊愕，坚持去看了她的坟茔，竟是荒草一片。我伫立良久，无限感伤。就像自己的女儿去世，而做父亲的却浑然不知消息般难过。

祝爱犬露丝在天堂好运！

（写于2014.5，上海）

11 怀念同窗好友

我的同窗好友满年，去世十几年了。近日他的女儿到苏州工作，我特地携家人前往探望孩子。见到的已不再是记忆中的小丫头（芸儿），而是亭亭玉立、漂亮成熟的职业女性了。见子如面父，与她父亲交往的点点滴滴，一下子浮现在眼帘，仿佛又回到几十年前的过去。往事历历在目，内心无限感伤。

满年是我的大学同班同学，同为陕西老乡，故交至深。他是一个重情重义、充满活力、富有理想的男孩。他写得一手好书法，钢笔字、毛笔字都写得有模有样，作品常常获奖。他下得一手好围棋，与我较量，总是赢多输少。他学习成绩优异，待人真诚热情，赢得许多羡慕的目光。

记得那是1984年，我们参加“国庆”35周年阅兵庆典，也就是打出“小平您好”标语横幅的那一次。首都大学生是游行的主力军，北航参加的是5 000人的体育方阵。我们需要用小推车，推着站在上面的体育明星，徒步前行在队伍里。我负责推世界冠军WSD（举重），而满年负责推排球明星LP。十月一日阅兵，我们却需要提前三个月开始演练。酷暑之中在大操场练习队列，练习行进步伐，每个人汗流浃背，疲惫不堪。而满年却不顾疲劳，在休息间隙骑着三轮车为我们拉汽水、送午饭。他忙碌的样子，非常憨厚可爱。

国庆节头一天晚上12点，长安街开始戒严，50万人的游行阅兵队伍陆续集结在各个街巷里，等待第二天早上出发的命令。满年这时还是我们的总后勤，忙着给我们送夜餐，照顾着每一个参演人员。50万人一下子全部涌到一起，大家最困难的是上厕所。台基场两旁的街道，用帐篷围了个临时“方便处”。早晨5点，我找了很久才找到这个地方。方便后返回原处时，我的队伍已经移动了。满街都是人，根本找不到方向，我一下子就慌了。找不到自己的队伍，就只能站原地等待。这时解放军的军车方阵开始启动，战车、炮车、导弹车、坦克车隆隆作响，号声震天。我紧张极了。不一会，满年匆匆来到我身边，引领我归队。他满头的汗水，安慰我说："别慌，我们能追上队伍。"就这样我没有耽误国庆游行大事，推着WSD走完十里长安街。也没有因此受任何处分。因为那时队伍中一人一个坑，一个不能缺。否则整个方阵的造型就乱掉了。真心感念满年的关爱和友谊。

我们班有一位漂亮的女生叫小松，追求者众多。满年是其中的一位。放寒假回家，火车票非常紧张，满年穿着一件军大衣站在寒风中彻夜给小松排队买车票。一次小松生病，满年背着她，走了很远的路，才到医院。满年的满腔热忱，也没有成就美好姻缘。大学毕业，天南地北，劳燕分飞。小松后来和一个大人物的后人结婚，生活在香港，他们很少见面。近三十年过去了，每当我和小松见面，她总要提满年对她的好。再后来小松移居美国旧金山，我来旧金山出差，特地约小松见面，当我告知她满年过世的消息时，她呜咽哭泣，伤心许久。可以看出，满年在她心目中的位置。她问我要了满年家人的联系方式，听说给他的妻子寄了一笔钱，以示慰问。

大学毕业时，我和满年，还有一位叫小艾的同学一起分配到飞机城阎良工作。满年在试飞院，我在设计院，而小艾在制造厂。我们三个来到这个偏远的国防小镇，惺惺相惜，关系更加紧密。小艾由于89年XXX事件，被抓起来送到凤翔劳教四年。我和满年多次去监狱看他。四年后，小艾出狱在满年家住了很久，我们共同出钱帮他走出人生低谷。

满年的婚姻也是一波三折。与前妻的结合是一段"巴士奇遇"。当时满年的父亲重病住院，他每天前往医院照顾。一次在公共汽车上巧遇前妻燕子，很快陷入热恋。满年回来不能掩饰自己的兴奋，找我诉说他和燕子相处的细节，令我羡慕不已。很快他们就有了女儿芸芸。奉子成婚，这是千古不变的定律。他很快就开始了为人父的生涯。洗尿布、做饭、带孩子。我每次去他家里都能看到他忙碌的身影。燕子个子高挑、脸蛋漂亮、温柔能干，令我十分羡慕。为了夫妻团聚，他调到了西安一家民营企业，从此工作一直不顺。因为单位福利低，待遇差，经常出差，燕子抱怨甚多。

90年代初，我到西北工大攻读博士学位，回归校园生活。满年经常来校看望我。他有时兴高采烈、有时垂头丧气、有时就赖在我的宿舍住几天。一次他突然找我，说思想苦闷痛苦，想和妻子离婚。他诉说许多理由，我反复劝说也无效。忙找来燕子调解，也无效果。看来他们积怨已深，去意已决，眼睁睁看着他们离异，女儿芸芸跟随妈妈燕子离开他。

离婚后的满年，有一段消沉但自在的日子。他买了一辆摩托车，骑着四处游玩，甚至还有些放荡。我多次劝他，稳定下来，重新生活，他不以为然。几年后经人介绍，他和一个离异的漂亮女人小翠结婚，我参加了他的婚礼，非常羡慕他总能找到特别漂亮的女人。再次组建家庭后，他们恩爱和睦。慢慢地他的工作事业也有了转机，跳到一家公司做了副总，买了新房也开上了汽车。随后，他们又有了一个儿子，非常幸福。两个人都从以前的失败婚姻中吸取了教训。一次，我回国探亲去拜访他们，满年专门给我引见了他的孩子们。他说："无论亲生与否，希望两个孩子一起生活。"并说，"孩子不管是谁生的，谁养的就是谁的。"我很惊诧他的态度，佩服他的善良和责任，羡慕他一家的和睦和温馨。

好多年以后，突然一天，他的大女儿芸芸给我发来一封电子邮件，说她的父亲满年病逝，我惊诧万分。急忙打电话回去，妻子小翠泣不成声。说满年出差回来，突感不适，发烧住院，原以为是感冒，没太重视，三天后就去世了，医院也不知何因。看着小翠痛不欲生的样子，我潸然泪下。满年这一走，两个孩子全落在她身上，又没有固定收入，该怎么活呀。我给他们寄了点钱，可惜只能解一时之困，不解一生之难啊，真想一直接济他们。

满年的离去，让我痛失挚友。思念之情，随风飘，如雨泻。愿父辈的友谊，延及后代家人。

（写于2022.5，上海）

第五篇

小说趣事

1 一次失败的捕鲨经历

我一个朋友老谢也在墨尔本居住。他听说我是钓鱼爱好者，还买了游艇，就想约我出海切磋钓鱼的技艺。他三番五次约我出海捕鲨鱼。

我住在海边，自从购买了游艇以后，经常出海钓鱼。但去南海捕鲨，我还没有干过。早前我看《大白鲨》电影时，曾被鲨鱼的凶险吓着。想象中，茫茫沧海，一条张着血盆大口的大鲨鱼尾随而来，那是多么可怕的事情。钓鱼可以，丢命不行，这是我开始的想法。

然而，面对他的挑战，谎称说我的船坏了，正在修理，目前不能出海。而他却不依不饶地说："我带您去南澳小镇（Port Mcdonelle）捕鲨，不用开船出海，站在防波大堤上就行。"还信誓旦旦地强调，"麦克丹纳镇，是鲨鱼的聚集区，很少有人活动，大鱼非常多。站在岸边，能钓一百多公斤重的大鱼。"我没有见过，总以为他在吹牛。为探虚实，我答应和他同行。

2008年7月3日是个周末。我通知澳吐纳（Altona）公社的两个捕鱼捉虾能手小会计和小佳，让他们做好准备，与我同行。麦克丹纳镇距墨尔本约550公里。我们一行四辆车从不同方向出发，急驰6个小时到达会面地点。这是一个几十户人家的边缘小镇，人迹罕至。外面就是南太平洋和南极，中间没有任何大陆。我们在事先预定的地点住下，吃完晚饭，就准备家伙，晚上就想开干。

老谢不愧是专业户，他精心制作了许多捕大鱼的工具。有的我从来没有见过。专用的倒钩漂枪，猎鲨枪，长把大铁钩，鱼头框，特制大鱼叉，皮划艇等。钓鱼的绳子有拇指粗。

由于天太黑，我们无法沿防波大堤行走。不得不先在栈桥上试钓。栈桥周围水不深，约两米。在路灯的照耀下，海水清澈见底。路边立着警告游人不要下水的牌子。老谢很认真，一边忙着挂鱼饵，一边给众人讲他过去钓大鱼的故事。我和几个孩子在一旁沙滩上戏水游玩。过了约半小时，老谢招呼我们回到栈桥，不要在岸边，太危险。我们看看海面，风平浪静，怎么会有危险，以为老谢小题大做，我们开始讥笑他。

正在这时，我听到海水呼呼作响，抬头一看，我的妈呀！一条两米多长的大白鲨，呼啸着向我们扑过来。我们站在栈桥上，大鲨鱼就在我们的桥墩下面乱转，一个活生生的大家伙，近在咫尺，张着嘴，呼着气，冲我们虎视眈眈，非常吓人。这里水很浅，鲨鱼的肚皮几乎擦着沙子，而背鳍全露在水面。我除了在水族馆见过大鲨鱼以外，还没有真正在野外见过它们，吓得直哆嗦。心想，我刚才还不顾警告，在水边行走，如果鲨鱼那时来袭，我们早已遇难。

第二天一早，我们出发。带好所有用具，还有干粮和水。沿着一公里长的防波大堤，正式开始捕鱼猎鲨。道路非常难走，全

是巨大的火山石堆砌的防波大堤。与其说是走，不如说是爬。用了约一小时从一个一个的大石头上爬过去。到了预定地点后，就分头作业，下网下杆。由于昨晚的经历，大家兴奋异常，期待大鲨鱼的出现。老谢用一个带盖水桶作浮漂，下挂四个大钩，放上鱿鱼做饵。而我手握钢叉，站在水边，怕鲨鱼突然袭击。

不一会，我发现水桶下沉，忙喊小会计来看。他用手往上一提，提不动。说鱼钩被石头卡住了。我不信，又叫同伴过来帮忙，我们俩一起用力往上一拖，才发现是条大海鳗。非常重，约30多公斤，1.5米长。我们初战告捷，非常兴奋。

老谢看我们已有收获，他不以为然。来到大堤外洋一侧，要把昨晚见到的那条大鲨弄上来。他下了饵，等待着。不一会，果真大鱼上钩了。老谢拼命地摇杆，似乎有些拽不动。我们三个人

过来帮忙，看到是一条鲨鱼。一米多长，圆滚滚的。我猜想，这家伙至少50公斤以上。怎么才能把它弄上岸呢？小佳拿起大鱼插，就往堤边走。我拿了个长把榔头，也下去了，准备砸鲨鱼的头。只要在水面把它打晕或打死，弄上岸就容易得多了，以免它伤人。谁曾想我们刚到水边，它拼命地翻腾，终于脱钩逃了。想必它嘴里也被撕掉了一大块肉。非常遗憾，我们没有把它弄上岸。

直到中午，再也没有鱼上钩。按计划，我们不得不往回赶路。回家的路很长，550公里要6个小时。这次钓鱼，尽管收获不多，捕鲨失败，但增加了经验，长了见识。有协同战斗、共同搏杀的感觉，非常有挑战性，非常刺激！需要勇气和胆识。

待到夏天，我们开船过来一定把这只大白鲨猎回去。

（写于2008.5，墨尔本）

2 澳洲航海故事

（一）一次闯祸的航行

自澳吐纳（Altona）人民公社在墨尔本成立以来，作为第一任社长，我决策办理的第一件事就是为公社买条船，发展航海和

捕鱼娱乐事业。一个二手游艇到货以后，大家还都没驾照。很显然，谁有驾船执照，谁理所当然地就是船长。于是乎，社员们都报了开船的培训班。可临上课时，嚷嚷较凶的老刘逃课了，只有我和小会计坚持下来。几天的理论和实践下来，我们就参加了考试。

维州的规定，考试过后一周时间才能拿驾照。公社的船停两周了，还不能下水，真是手痒痒。周末到了，驾照还没等到。实在是着急。我对小会计说："先下水试一试，说不定没事。"我们就这样侥幸出海了。村里的家属文洁、豆豆、乐乐、小黄、陈行长均踊跃报名参加，我们用大地巡洋舰拖着船小心翼翼地下水。

大家登船后我启动发动机，加大油门起航，飞速出了港湾。我们的船是喷射船（Jet boat），安装一个5.0的福特发动机。它把水从船底抽上来，再在尾部喷出去形成动力。就像喷气式飞机一样的工作原理。船速度非常快，可达60节（约100公里每小时），加速时船头有45度的夹角，犹如飞一般浪花四溅。

第一次开着自己的船在浩瀚的大海上飞驰，那个爽啊。船上乘客七嘴八舌。有的说去雅河观光，有的说，去深海探浪。而小会计和小黄说去以前他们经常去的地方摸鲍鱼。墨尔本飞利浦湾沿岸的礁石上，遍地是鲍鱼，这是人人皆知的。可惜的是，政府有数量限制，不能多抓。小黄几次违规，被海警抓到后交了不少罚款。小会计建议说："这次我们有船，让小黄潜水下去抓，万一巡警来了，开船就跑，应该没有问题。"于是，我就听了他的建议开到预定地点后，抛锚停船。

听说在中国，一头天然澳洲大鲍鱼，要几百甚至上千块人民币，而这里，海岸礁石上比比皆是。准备停当后，他们两人下水作业，不一会就弄上来十几只。他把鲍鱼放在网袋里，藏到船舱。心想万一警察来了，就说在游泳，船离岸较远，警察无法上船搜查，抓不到证据他们也没办法。约一小时过后，果然看见有警车在岸边巡逻，是海岸警卫队的。我大喊快撤！他俩匆忙翻上了船。小会计腿也擦伤了，小黄胳膊上也是血印。我赶紧起锚准备开船逃逸。可钥匙插上去，发动机没有任何反应，怎么也打不着火。这下一船人都慌了手脚。前面是茫茫大海，后面有警察，我们的船不能动，该如何是好呢？这毕竟是我们的处女航，也不知道毛病在哪里，非常着急！我毕竟是社长，临阵不乱。急忙让他们将鲍鱼放入海里。先把赃物扔掉，毁灭证据，以防警察登船检查。这里海水很浅，只有半人深，让他们做好定位，找机会再来取回。把赃物隐藏好后，我开始检查发动机机油、汽油、开关等，始终找不到毛病。最后猜想可能是电瓶没电了。这是一个最没办法的故障，船上没有备用电池，也不能自己发电，没电就不能启动发动机。唯一的办法是寻求外援。

于是，我就想到了副社长麦格还在家，叫她过来驰援。不一会她驾车来到岸边。我派小会计涉水上岸卸了她车上的电瓶，换到船上，可发动机依然不动。这下完了，我黔驴技穷。船开不动，一船的人就不得回家！怎么办？我用海事电台求救，过往船只看看我们就走了。因为我们离岸边太近，他们的大船过不来。无奈，我让小会计光着上身，站在船头双臂上下挥舞以示救援。果然这一招很奏效，将周围一个滑舢板的洋妞给招过来了。那洋妞帮忙打电话叫来了一条警船，在我们的远方停下。从船上下来一个蛙人，身缠一卷长绳，游了过来。他在船头打了结，让洋妞划舢板拉着另一端送达警船。警察将绳子绑到卷扬机上，呼噜呼噜就将我们拉离了浅滩，一直把我们拖回了港。

船到码头，靠岸停稳后，两位警官看着我没说一句，只给了我一个名片，就上船搜查，查救生衣、火把、电筒等，然后问我要驾照。我们只有参加考试收据而没有拿到驾照。我把想好的一堆好话说给两位警官：说他们多么为人民服务，多么解困济难，要给他们写感谢信、表扬信等等。最后警官笑笑，看上去很可爱的样子，递给我一张纸，然后就驾着警船消失在茫茫大海中，我几乎要磕头向他们道别。他们走后我翻开一看，原来是一张250元的罚款单。我心火急窜，禁不住暗骂："这小刁，一点面子也不讲。"

把船用汽车拖上岸，回家后急忙给修理厂打电话。维修工一会就来了，打开发动机盖查看，原来是发动机和电瓶的连线让他们上下船时给踩掉了，接上线立马打着火。原来船没坏！

第一次出海，让大家虚惊一场。一个多难的处女航！

（二）难堪的待客之旅

副社长麦格的妹妹、妹夫，一行六人来澳洲旅游，麦格一家忙着接待。除了送他们去北部游玩以外，想搞点特别的招待。她想到了公社刚买了船，提议带她们出海去玩，就和我商量。我查了一周的天气预报，发现周日无风，是个出海的好日子。于是我让小会计做准备，让小黄带着客人来到了码头。大家上船后，我加大油门飞奔至预定的目的地。

墨尔本依山傍海。飞利浦湾是一个内海，由一个环形半岛所包围。两岛之间的最近距离只有5公里。像一个门户锁住了

墨尔本外出大洋的通道。然而从这里回望墨尔本市区，风光旖旎。鳞次栉比的高楼，屹立在海平面的那一端。左侧是西门大桥，犹如一条彩虹，横跨雅拉河两岸，将城市东西两部分连接在一起。一群一群的黑天鹅在水面上优雅地觅食。无数的商船、游船、帆船在海面上游弋，一道道飞驰的浪花在海面上飘舞，非常美丽！

我们的船不一会到达了预定地点。满船的客人都很兴奋和激动。这个要照相，那个要观景，唧唧喳喳地叫。我把速度降下来，以便他们作业。过了大约半小时，我突然发现发动机的转速不对，要熄火的样子。我回头一看，好家伙，船舱地面全是水。哪里来的水呢？我快速寻找答案。是船速太快飞溅上来的，还是船底漏了，渗上来的水呢？水冒涌上来的速度很快，我意识到大事不好，可能要出事故。忙叫来小会计悄声商量。他们说赶快返航，客人安全要紧。这时船上的水越来越多，我打开水泵往外抽水，可效果不彰。我急忙掉转船头往回开。不一会儿，客人也发现了，惊呼“船进水了呀！”为了稳定局势，我佯装平静地说，“没事，这是正常现象。开船哪有不进点水的！”

然而水在船舱后侧开始向船头蔓延，不一会，船越来越重，吃水线也越来越深，小会计开始紧张起来。我说，“别慌，打开后舱水泵紧急抽水。”小会计照做了。这时，船头重新抬起。我加大油门往回开。船上的客人不知发生了什么事，忙问我，“为什么不让我们多玩一会儿，我们还想多照相呢。”我回答说：“出来时忘了加油，船没油了，得赶快回去。”就这样搪塞着客人。

由于船舱底部全是水，非常重，船行很慢。一小时后，我们终于到了港，卸掉客人后，才放下心。

我和小会计、小黄一起用四驱车将船拖上岸。打开船尾阀门，从船舱中足足放出一吨多水。“咋进这么多水呢?”我非常疑惑。仔细检查船底，完好！没有任何破损的迹象。我翻进船舱一看，傻了眼。原来，一个航后淡水冲洗舱室的排水阀门还开着！按规定要求，每次出航前必须用专用塞子堵上，关掉这个阀门。而这次出海小会计根本没有按规章操作，船下水后海水倒灌进船舱，整个发动机泡在水里了。好在我们走得还不远，才几海里，勉强回来了！如果再耽误半小时船就沉了，多危险哪！

回来后我们开了研讨会，认真学习了航前航后检查程序，学习使用维护手册，明确了相关责任。要求大家今后各尽其责，确保安全。这次招待之旅算是一次丢人之旅，好在有惊无险。

（三）大 丰 收

春节老林带他媳妇回中国过年，第一次带儿子回去认祖归宗。2010年2月，他一回来，就吵吵着要出海，想体验航海的滋味。刚好老铁也在家没事，叫上小会计，带着陈行长，陪他一家出海捕鱼。老林是我们公社的社员，我们的航海事业，起初有许多人动摇，但他给予坚定的支持。

做好准备，加满油，我们就来到码头出航。那天，风平浪静，秋高气爽，一帆风顺。我们先游览了飞利浦湾，雅河入海口，西门大桥，威廉姆斯镇等地。老林的媳妇和儿子都很激动。

约一小时后，我们看见前方有几艘船停泊在那儿，我也靠了上去。抛锚附近，准备开始钓鱼。三平和陈行长先挂了鱼饵，抛了杆。老铁和娜娜还在准备，我为大家服务。过了十分钟，没有任何咬钩的迹象。大家开始烦躁，嚷嚷着往前移位。我坚持停泊于此不动，等待太阳下山。

不一会儿，晚霞照红了海面，金灿灿的。三平一声大叫吓我一跳。原来鱼开始上钩了。他拼命往上提，看他吃劲的样子，好像是条大鱼。我紧握渔网帮他往上抄，好家伙一条斯纳普。大家全来劲了。我还没有把鱼从钩上卸下来，行长又喊起来了，“我也上了一条。”我一看，好家伙，比三平钓的还大。这下我忙不过来了，直叫老林过来帮忙。他撇下儿子，扑过来抓网拽钩。还没忙完，老铁也上了鱼。这下没辙了。我命令，老林负责上饵，老铁负责卸鱼，三平负责钓鱼，流水线作业。每五秒钟就有鱼上钩，实在提不过来。心想这下掉进鱼窝了，全是斯纳普。三平来劲了，喊起来：“一竿一钩，太慢。”他将竿上绑两个钩。这下了得，他玩起了双飞。噼里啪啦，一次两条往上提。不一会儿，三个大水桶全满，约上百条。陈行长钓的鱼最大，很是得意！老林十岁的小儿子，不一会儿也提上来十多条。也很激动。以往钓鱼都是坐一上午，钓一条两条上岸，这次把一辈子的鱼钓上来了。

大约一小时过后，鱼上钩越来越多，船吃水越来越深。再这样钓下去，就要沉船了。大家看了看船舷吃水线，尽管余兴未尽，但不得不放弃贪心，起锚回家。

回到家每个人都很兴奋，太多的鱼了，开始给左邻右舍送鱼，让邻居共同享受我们的劳动成果。老林运气就是好，第一次出海就搞到这么多鱼，又要牛气哄哄地在社员面前显摆了。

（四）海难脱险

2010年3月15日，一觉醒来，昨夜惊魂，让我仍觉不寒而

粟。马上提笔记录昨日遇难的经历。

上周末出海大丰收的经历，让大家记忆犹新，热情高涨，建议本周末再次出动。查看天气预报，观察潮位，周日适合出海。副社长麦格的母亲在澳探亲，想亲自参加我们的捕鱼活动。小会计这次风格高，自愿留守在家，照看几个家庭的孩子。下午5点钟，所有人登船后，我们打马扬鞭奔向菲利普海湾。

当时风速7节，太阳西斜，天空一片瓦红湛蓝。我们一路欢声笑语，莺歌燕舞；一群群海鸥与我们的游艇并肩齐翔。约40分钟，发现前方有4艘钓鱼船，我们也靠过去，抛锚作业。半个小时过去了，不见一条鱼上钩。大家开始抱怨。我不得不起锚往前开几海里，再次抛锚让大家作业。大家一个个摆开架势，要一比高低。老铁运气好，第一个钓上来一条鱼。大家看到了希望。小黄忙中出乱，竟然将鱼竿掉到水中，失去战斗工具，中途退出比赛。每个人陆续有所收获，开始兴奋起来。太阳渐渐西下了，天空一片金红。不知不觉已到晚上九点，天完全黑了。海面上只有远处岸边的点点灯光。风越来越大，呼呼作响，船开始剧烈晃动。我心中有些着急，建议起锚回家。老铁还不甘心，说再搞半小时，九点半再回。可风越来越大，船开始剧烈摇晃，眼前一片漆黑，没有一丝月光。

我开始担心起来，坚持立即回航。起锚，启动发动机，船开始飞驰。走了一会，却找不到回港的方向了。凭着指南针，我向着西北开。可此时风力估计有15节了，船几乎无法控制，一直漂摆，绕了很多圈始终找不到回港的航标。我开始紧张起来，因为船上的油只剩三分之一了，如再找不到母港，就危险了。船在风浪中颠簸得越来越剧烈，大家开始害怕，不敢出声。我小心加小心地往前开，始终看不见灯塔。我朝岸边摸索前进，希望找到能辨识方向的标志。

然而突然听到“咣当”一声巨响，船猛一晃，却不动了。我加大油门，船怎么也不动。我感觉不对，好像触礁搁浅了。我急忙让老铁和小黄拿手电筒查看，发现下面全是礁石。原来海水退潮了，这里距离岸边有一海里左右，潮位落差有一米多，礁石露出来了。船头冲上暗礁搁浅了。这时风越来越大，天开始下雨。船在浪涌的作用下，在礁石上剧烈碰撞起来，发出“砰砰”的响声。我很担心船底出现裂痕，大声命令老铁和小黄下水站在礁石上推船。然而怎么也推不动！因为潮位持续下降，船变得越来越重。眼看风力越来越强，我不得不命令所有人下船，以减轻船体重量。七个乘客都下水，大家集体站礁石上推船，船一下变轻

了，很快脱离了礁石。我把住方向盘，加大油门，奋力顶风往深海开，生怕再与其他礁石碰撞。开出去好几分钟后我才意识到，船上只剩下我孤身一人，而他们全都困在半腰深的礁石上。他们的所有物品，衣服、手机、包、鞋全在船上。

我让自己沉静下来，寻找方案。眼前一片漆黑，根本看不见他们在哪里了，也不敢回去找寻他们，怕再碰礁石。所有手机电话都在船上，我无法和他们联系，他们也无法和外界联系。风浪很大，我不敢继续开，根本找不到回港方向，吓得一身的冷汗！我稳住发动机油门，放下锚，把船熄火停在海面上，让自己静静。瞭望四周，什么也看不见。全身湿透了，在狂风中瑟瑟发抖。但脑子不停地转，既担心困在礁石上的朋友，又担心自己如何回港。强迫自己平静，开始思索求救的办法。

按照考驾照时所学的应急程序，我把船载电台调到88频道，试图呼叫附近过往船只，没有人响应。我用海事救急语言，PIN，PIN呼叫，没人理我。我喊MADAY，MADAY，也没人响应，我想这下完了。今晚可能要出什么事？风浪越来越大，人已无法站立。我想只要锚绳不断，我还有手机，总有办法。最坏待在船上晃一夜，天亮再说。

可待在礁石上的朋友怎么办呢？我自己如果实在不行，穿上救生衣，弃船朝着有灯的方向游过去。一两海里的距离，只要没有遇上鲨鱼，总会逃生。他们有妇女儿童，大多数不会游泳。想来想去，想到给警察打电话，让他们施救才是上策。

我马上找到手机电话，立即拨通000报警电话，对方是个女的，声音很甜美："你要警察，救火车，救护车，海岸警卫队，还是水警?"（澳洲的应急电话是一个号码）我说："海岸警卫队或水警，我触礁石了，需要紧急救援。"我报了我的驾船照号码、船注册号码、个人姓名、住址等信息后她说："您的船上是否有人死亡或受伤"，我说："没有"，她说："请你待在那儿，等待过往船只救你，今天是周末，现在时间太晚了，我们值班人很少。"然后把电话挂断了。我非常生气！心想这茫茫大海，漆黑一片，只有大风和巨浪，哪里有过往船只？即使是有，人家又怎么会发现我，营救我呢？我刚刚用电台呼叫过，根本没人响应呀。这一招行不通。我鼓起勇气又拨通000，这回是个男的接听。我向他哭诉说我如何触礁，如何脱离礁石，还有多少人困在礁石上等。最重要的是我讲了，刚刚触礁时船可能裂了，现在开始漏水，有下沉的可能。我又说礁石上那些人很危险，水位已经到胸部，有妇女、老人和孩童等，非常严重，非常危险。他这回耐心地安慰我说，"礁石的人你不要管了。你去打开你船上的紧急救援舱，检查是否有信号弹，一头红颜色一头绿颜色的。"我说："有。"他说，"赶快拿出来，别潮湿了。再把手电筒拿出来，把你船上的探照灯和应急灯全部打开"，我照着做了。"保持你的电话畅通，等会有人来救你"，他接着说。我焦急地等待着，时间过得很慢，一分一秒，像凝固了。这时，我似乎感到有水向上漫。于是打开水泵，往外排水。可又担心把电池的电用完了，开开停停。我告诉自己：手机、火把、手电筒、救生衣一个不能丢到水里，一定要镇静。一小时过去了，没人来。两小时快过去了，依然看不见任何船只或直升机一类的东西。我开始恐慌起来。心里谩骂，澳洲警察也会骗人。我越来越担心礁石上的朋友，既怕涨潮淹了他们，又怕有鲨鱼袭击他们。无奈，又给海岸警卫队打电话，紧急报告礁石的大致方位和人员情况。大约半小时后，东南方向（Wilimstone）出现警灯闪烁，非常远，约3海里。我心头一亮。救星来了！我用手电筒朝着他们拼命地照。却发现警灯越来越远，向相反的方向开走了。我一下急了，拿出信号弹，一个像手榴弹的东西，查看说明书，解开帽，拉出金属环。斜朝上，鼓足勇气，使劲一拉。好家伙！一下子窜出七八十米高的火焰，像烟花一样，将海面照得如白昼一般，还有一个烧红了的降落伞，缓缓落下，持续约两分多钟。据说这家伙，10公里外的人都能看到。温度达到2 000度。我吓得直哆嗦，以前我从没用过

这东西。过了十分钟，我又拉了一个。像放烟花一样，一个一个往天上冒，就像泰坦尼克号沉船前的情景。约半小时后，一艘快艇，飞驰过来，明显是海岸警卫队的。他们用喇叭冲我喊话，让我不要紧张。给我抛来了缆绳，要我按他们的指令做：把缆绳绑好，起锚，启动发动机，跟他们走。这下我终于放了心。船在飓风中很难控制，漂摆得非常厉害。约几十分钟后码头到了。我太高兴了，像见到亲娘！一头扎进港里。

船一靠岸，我却突然发现，站在礁石上的这帮家伙，早已站在岸边等我。怎么回事，我满脸狐疑。原来是海岸警卫队用直升机，早把他们救上来了。我们相拥大笑，惊愕不已，庆幸脱险。大家七手八脚地拖船上岸，回到家已经凌晨4点多，天已麻麻亮了。

一夜惊魂，一声叹息！一生难忘的经历！

（写于2010.3，墨尔本）

3 惊魂捕鲨

一天又遇到老谢。上次与他前往500公里外钓鲨鱼失败，他总不死心，又约我驾船出海。

老谢说："有一个叫克丹的小镇，那里鲨鱼成灾，经常袭击

人，当地政府鼓励捕杀。如捕到一条鲨鱼，地方政府补贴200元，你愿意和我一起去吗？”

我说，“好呀，开我的游艇跑一趟。”于是商定好时间后我们分头行动。我给船加满油，准备好大家的救生衣，再准备路上吃的东西，包括烤炉、啤酒、面包等。老谢筹措捕鲨鱼的工具：捕鲨枪、鱼叉、大绳子、刀具、装鱼的大塑料盒子、小皮划艇、鱼竿等。我又约了三个钓鱼高手（其中两个洋人）一同前往。

克丹小镇离墨尔本很远，约一百海里（离菲丽丝岛不远了）。我的船是一艘高速喷射船，5.0 L排量V8的福特发动机，后喷水式推进，最高时速可达60多节（约100公里每小时）。可乘坐8人，船舱有个可折叠的大床，可供4人睡觉。我把船拖到预定的码头，检查救生衣、电台、油量、无线电信标机、声呐探测仪等，保证设备完好齐全。

大家登船后，我加大油门，打马扬鞭向目的地狂奔。当时风速7节，太阳初起，天空一片湛蓝，海鸥在天空与海面间翱翔。船在颠簸中快速前进，每个人都很兴奋。高速行驶了约一小时四十分钟，根据GPS指定的方位，到了预定地点。

克丹镇非常小，是一个不到百十户人家的边缘小镇。外面就是南太平洋和南极，中间没有陆地。这是一个鲨鱼的聚集区，几乎泛滥成灾，常常危害岸边戏水的居民。所以地方政府号召大家一起来捕杀它们。

接近预定地点后，老谢命令减速，准备开始作业。他以前有捕鲨经验，主动给大家分工：让我听他指挥，继续开船；让刘鹏拿鱼叉；让Tony把准备好的一桶诱饵：猪血，鸡脖子，鱼头等，在船尾一把一把地向海里抛撒。

我们一边慢慢开着船，一边撒着鱼饵。不一会儿，呼啦啦一声响，把刘鹏吓了一跳。原来一条不算太大的虎头鲨，追着我们开始吃食了。刘鹏吓得不敢再抛，直往船舱里躲。老谢这时来劲了，他命令Tony把猎鲨枪一端的绳子绑到卷扬机上，准备好猎枪。让Tony拿一个长把榔头，又让刘鹏拿好鱼叉，命令大家都往后退。他端着猎鲨枪来到船尾甲板，瞄准跟在船后的鲨鱼，"哨"就是一枪。带着长长绳子的鱼鳔飞了出去，不偏不斜击中鲨鱼的脊背，鲨鱼瞬时开始翻腾起来，把船拉得摇摇晃晃。

老谢不愧是老手。他命令Tony放长绳子，让我加大油门开船，刘鹏拿渔叉到后面来，像打仗一般，每人各就各位，准备战斗，好不紧张！

尽管我常和朋友出海钓鱼，这种场面还是第一次见到，简直就是搏杀。鲨鱼在水里不停地翻滚，鱼鳔带有倒钩，挣脱不开。巨大的动力，把小船拖得东摇西晃，非常危急。

老谢让Tony把绳子再放长些，约100多米。远远地拖着鲨鱼，让它翻滚。船时快时慢地往前开着，拖着鲨鱼在水中前进约40多分钟。等它筋疲力尽的时候，用卷扬机把它拉近到船舷旁边，它又开始翻腾，然后又放开，这样反复多次。最后一次把鲨鱼拖到船旁边时，老谢让刘鹏拿着鱼叉站在旁边，防止鲨鱼往上跳。他抢过Tony手中的长把榔头，照着鲨鱼头砸了下去，连砸几下，鲨鱼不动了，只是偶尔张张嘴。估计是脑震荡，神经系统遭到了严重破坏。

好一番搏斗，惊心动魄。每一个人的衣服都湿了。我继续开着船，一会快，一会慢。听着老谢的口令。他们确定鲨鱼已经死了，才把船开到近岸水边抛锚。让大家跳下船，人工把鲨鱼拖到海滩搁浅。开始用小刀割鱼翅，再割下最好的，约100公斤的鱼肉，装到随船带来的几个大塑料箱子。然后让我开船把剩下的鲨鱼尸体，拖到远海里丢弃了。

收拾完工具，天已黄昏，我们起锚回航。大家筋疲力尽，兴奋不已，像完成一场重大战役。大家围坐在一起喝啤酒，听老谢给大家讲他过去捕鲨鱼的故事，唯有我专心地开着船。

约2个半小时后，天已完全暗下去了，海天一色，只有天上的点点星光。我心里五味杂陈。经历这次捕鲨，我感到人类是最

残忍的动物，感到阵阵难过。一个硕大的家伙，活生生被我们诱杀了。看着那几个装着鲨鱼肉的塑料箱子，总感觉是鲨鱼的棺材。回到家，我把带回的鲨鱼肉分给邻居和朋友，自己一口也不想吃。与鲨鱼搏斗的场景一直浮现在我的眼前。都是地球上的生灵，却相互搏杀，你死我活，一阵阵凄凉。

此后，每当我去鱼薯店就餐，当得知有油炸的鲨鱼肉时，我就不再买了，总想起这次捕鲨的经历，阵阵歉疚。

（写于2009.4，墨尔本）

4 奇遇午夜凶案

时间过得飞快，一眨眼很多年过去了。2007年圣诞假期的午夜惊魂，让我久久难以忘怀。每每想起那个时刻，都不寒而栗。那是小S一家从新西兰来到澳洲的第一个圣诞节。十年未见的好友，突然来到墨尔本，不亦乐乎。我们两家商议一起外出度假过圣诞节。一来孩子们可以一起玩，二来大人可以聊天

叙旧。

我们预定了角海（Angle Sea）的营地，离墨尔本300公里。那里有一片小木屋，前面是沙滩和大海，屋后是茂密的原始大森林。“朝可闻鸟鸣，暮可听涛声。”一个令人向往的地方。出发时，我们计划走大洋路（Great OceanRoad），并在太阳神湾（ApolloBay）住一夜，再去角海营地。大洋路是维多利亚州著名的风景地。黝黑茂密的森林，像一簇美发，覆盖在绵延逶迤的山坡上，波澜壮阔的太平洋依偎在脚下。清晨的阳光洒在海面上，波光粼粼，分出三四层颜色。一条蜿蜒曲折的山间公路临海缠绕在腰间，薄雾中远远望去，像一条玉带在海天间飘舞。美不胜收！车开得很快，三个多小时就到了目的地。我们下榻的旅馆坐落在半山腰，是个两层楼房的度假别墅，四室一厅。正面冲着大海，后面是山。一座孤零零的建筑，周围几乎没有人烟。这是专供野营度假用的，干净明亮，宽敞别致。我们两家人住一起，非常满意。放下行李，就开始忙乎。孩子们欢天喜地在海边游泳，大人在家烧烤做饭，谈天说地，不亦乐乎。

天很快黑下来了。晚饭后安顿小家伙们睡下，我们两对夫妇开始打扑克（双升拖拉机）。战斗异常激烈，一直不分上下。时光匆匆，不知不觉就到了凌晨2点钟，我们依然兴趣盎然，战斗不止。突然，一阵猛烈的敲门声打破了漆黑寂静的夜空，令人毛骨悚然。我们急忙放下牌，四个人一起冲到门口一探究竟。只见门外擂门声震天。“嗵，嗵，嗵”一声紧着一声。“不好！”我下意识感觉，外面一定有情况。这荒郊野外，深更半夜，人地两生，怎么办？开门还是不开门，我们非常犹豫。我随手操起厨房的一根木棍，慢慢打开一条门缝，看看究竟。谁想到，刚拉开门闩，“噌”！挤进一彪形大汉，满身是血，手中拎一把长刀，胳膊胸前全是伤，气喘吁吁，语无伦次。他疾呼外面有人追杀他，他要在此躲避。要我们关灯插门，不要再让任何人进来。

好家伙，这阵势一下子把我们全吓呆了！慌了手脚。这里只有两个书生男人，两个妇女，还有三个不满十岁的孩子。没办法，我不得不壮着胆子，盘问闯进来的洋人壮汉到底是怎么回事。为消除他的敌意，我急忙倒了一杯水递到他手上，让他坐下，设法让他安静下来。小声问他我们是否可以报警。正在这时，外面又响起一群人的脚步声，一阵紧似一阵的敲门声从外扑过来。屋内壮汉一听，浑身哆嗦，噌的一下窜到楼上。我想“不好!”真的追杀他的人来了，若打将起来该怎么办？我赶忙锁好大门。让夫人们将熟睡的孩子集中到一个房子，从里面反锁好。让小S上楼劝说壮汉下楼躲在厨房的储藏室里。我拿长棍守住前门，让小S拿菜刀守住阳台门。我关了灯，屏住呼吸，静听外面的动静。外面的人一番喊叫，一番敲打，我们死不开门。我急忙拿起电话报警。接听电话的警员慢条斯理地问我，“是否有人死亡?”我说:“没看见，但看见有人受伤，就在我房内。”他又说:“你们的生命是否有威胁?”我说:“有。”因为外面的人群还在我房屋周围伺机闯入。他说:“我们最近的警局离你们处也有三百公里，需四小时才能抵达。”我的个妈呀，四个小时！四小时什么都可能发生啊！我不停地思忖着紧急援助的办法。我的心怦怦直跳，一只耳听着外面，一只耳听着里面。就这样，我们紧张地守候着。约一小时后，屋内的壮汉忍耐不住，钻出地窖储藏室来到客厅，哆哆嗦嗦也要报警。我把电话给他接通，他在电话上狂喊救命。警察见他语无伦次，反反复复不停地问他事发经过，他也说不清。警察让我复述，我也说不清。又让屋内每个人在电话中告诉他事发情况。我不知道他们是不相信这里的事实，还是嫌路远，不想出警，总之态度极差。我们不得不各自回到战斗位置，守候着孩子，等待天亮。也不知等了多久，天已蒙蒙亮了，我隐约听到窗外有警笛声，想必是警察来了，那壮汉像见到亲人夺门而出。小S也放下刀，和我一起出门迎警。门一打开，门前台阶上是一团一团的血，门外侧上也是血手印，门前小路也全是血迹。

警察来了很多，在远处指指点点。我们奔了过去，发现警察正在往警车上押人，用担架往救护车上抬人。似乎他们控制了局面，好像已经抓住了凶手，还在救治其他伤员。我和小S过去接受警察的盘问，录了口供。原来，这是一伙年轻人，从外地到此度假，因酗酒，争抢女朋友，内部打起来了。闯进我家的壮汉才19岁，受了伤，他从山下其他营地往山上跑，见我们别墅有灯光，前来求救的。他们同伙中，已有两人重伤，还不知生死。

一夜的惊魂，我们都没能睡觉。圣诞之夜如此惊悚，实在不爽。打点行李准备离开时，房东来了。他对我们受到的惊吓感到遗憾。主动给我们的房费打了对折，送我们出门。一个好端端的圣诞之夜，硬生生给搅了。

（写于2008.3，墨尔本）

5 兄弟人生（小说）

老刘家有五个孩子，两男三女。男孩老大叫刘大，老二叫刘二。父母没有文化，给孩子起名简单，方便记忆。1947年，刘大21岁，已娶妻分家单过。刘二17岁还在家帮衬老实巴交的农民父母种地。那些年，三秦大地兵荒马乱。一会儿张学良的东北军移防西北，一会儿胡宗南的中央军来陕剿匪。乌烟瘴气，民不聊生。老刘家有两亩薄田，常年辛勤耕作，经不住土豪

劣绅和多如蚂蚁般的兵匪盘剥，光景日渐恓惶。

刘大分家时，只分得一间偏厦而没有分到田地。不得不长年给村里的地主做佃户长工。新娶的媳妇儿小翠，是陕南商洛山区表姨家的闺女。当地打仗，一颗炮弹落在她家的院子，父母家人全部炸死，自己那天上山砍柴幸免于难。走投无路来到关中大姨家，嫁给了表哥刘大。

小翠长得水灵，也是十里八村的人美人，刘大十分疼爱。村里的恶少、路过的兵匪常常惦记，骚扰不断，刘大十分闹心。时令转换，关中陕北的战事越来越吃紧，村里到处在抓壮丁。自己打工的东家怕闹土改，举家逃跑，不知去向。刘大惶惶不知所措，决定带着小翠去山里的小舅家躲避灾祸。然而，当小两口刚走出30里地，就遇见了北上的国军。一辆大卡车挡住去路，跳下来四五个当兵的，不由分说把他五花大绑，推上卡车拉走了。据说前方战事吃紧，抓他去当兵。望着消失在滚滚烟尘中的丈夫，身怀有孕的小翠扑倒在地，几乎哭晕过去。最后不得不回到公公婆婆家。而刘大几经周转，最终被送到一个叫徐州的地方当兵打仗，家人自此杳无音讯。六个月后小翠生下一名男婴，取名黑蛋。

时光飞转到了1949年春，村里开始闹土改，打土豪分田地。老刘家分得五亩水田，一头牛。生活开始好转。刘二成了农协的积极分子。组织农民开大会斗地主，敲锣打鼓，搞游行集会，到处贴标语，搞支前运动。俨然是村里年轻后生的领头人。风风火火，成群结队，好不风光。

而这时的刘大却成了国军卫立煌部队的一位士兵，在徐州参加会战。一场战役中，他的队伍被解放军包围，大部分被俘。刘大也跟着缴械投降。接受一段时间教育后，刘大自愿参加解放军，转入四野部队，被送到福建参加解放战争，后来又参加了解放海南岛的战斗。

时间来到了1950年，全国已经解放。刘大一直思念家人和媳妇小翠，多次托人写信告知自己的情况，也收到过家人的消息，知道自己升级当了父亲，盼望着早日复原回家与家人团聚。然而事与愿违，突然朝鲜战争爆发，刘大的部队整建制被调往朝鲜，参加抗美援朝作战。他被关进闷罐火车，三天三夜到达他从来没有听说过的地方丹东。这时刘大已经升任排长。

抗美援朝，保家卫国运动在家乡风起云涌。刘二也积极报名参军。他戴上了大红花，和许多年轻后生一起走在了锣鼓喧天，红旗招展的送军队伍里。小翠抱着刚满周岁的黑蛋，深情地望着小叔子消失在亲人视线里，心里五味杂陈。她不知道自己的丈夫现在是死是活，也不知道眼前家里唯一的男丁又要走多久，真不知道将来家里日子怎么过。公公婆婆年纪大了，小姑子妹妹们一个个出嫁外地，这几亩地谁来种呢？

经过几个月的战前训练，刘二雄赳赳、气昂昂跨过鸭绿江，进入了朝鲜境内。他们的部队在西线作战，向前推进非常快，已经越过“三八”线，逼近南朝鲜汉城。在一次战役中，他们团围歼一个土耳其营，打了大胜仗。刘二作战勇猛，立了功，升任连长。不曾想到，美军率领联合国军从后方登陆，包围了刘二的部队，切断他们的供给线。弹尽粮绝之时，一颗敌人的炮弹落在他的附近，把他炸晕，腿部也受了伤，耳朵也被震聋。醒来时已成了联合国军的战俘，被送到美军的战俘营。他感到非常羞辱，多次想自杀，都没有成功。但在心里一直寻找逃跑的机会，期盼着能有一天回到部队，回到祖国，见到父母家人。

此时，大哥刘大的部队早已入朝作战。而兄弟俩彼此并不知晓对方的状况。刘大在东线的高山和洗浦地区战斗。一次他奉命带队给前方送给养，遭遇袭击，一个排的兵力全部牺牲，只有他和通讯员跑了回来。没能完成任务，首长撤了他的排长职务，还受了记过处分。再后来在平昌的一次战斗中，刘大也受伤被俘，被送到南朝鲜的釜山集中营。

刘大、刘二两兄弟，同时入朝作战，同时受伤被俘，同时被关入他们根本不知地名的美军集中营，彼此并不知晓对方。集中营里面关了很多人，有朝鲜人，但大部分是志愿军。刚到时，他们感到惊恐，不知道未来是死是活。看管他们的是联合国军，有白人，也有黑人，还有黑不溜秋的印度人、土耳其人。过去远距离跟他们作战，只知道他们人高马大。现在近距离看他们：黄头发、蓝眼睛、大鼻子，像小时候传说中的鬼。他们嘴里呜哩哇啦，不知说些什么东西。战俘们一个个紧握拳头，瞪着眼睛，随时准备和他们拼命。后来慢慢地，他们感到这些洋鬼兵对他们这些俘虏还好，给他们包扎伤口，给面包和肉罐头吃，渐渐地开始放松警惕。毕竟好久没有沾过肉腥味了，腹中饥饿难耐，今天先吃饱了再说，管它明天是死是活。

两个月后，刘二的集中营来了一批不穿军装，但能说中国话的人。把他们五人一组分别带到小会议室，询问他们的军衔、部队番号、入朝作战的原因，以及他们的籍贯等有关情况。不久就开始对他们进行转化教育工作。要他们反共抗俄、要他们热爱国军、拥护国民党。这时他们才发现这批人是来自台湾的国民党特务人员。他们强迫刘二他们写保证书，志愿去台湾。刘二和他们的战友们一下子警惕起来，刘二誓死不从。他们从内心拥护中国共产党，说什么也要回到祖国，回到家人的身边。

国民党特务的转化工作不顺利，发现刘二是个领头闹事的，就开始动刑。特务将他按住，扒了他的衣服，先用毛笔在他后背写上“反共抗俄”“杀朱拔毛”几个黑字，又在他的胸口上画上国民党“青天白日”图案，然后用针在字和图案上一针一针地刺，刺完了后背，又刺前胸，墨色和血一起渗入到皮层下，这字和图案就进到了刘二肉里，慢慢长在身体上，永远褪不掉了。许多不从的战俘都受过这样的待遇。事后他们想身上带着这样的东西怎么能回国啊？不知该怎么办。有人提议用刀把它割下来，战俘们就开始在晚上悄悄地互相割皮，他们将身上被刺上字和图案的皮肤一整块一整块地割下来。刘二个子大，身上被刺的字和图案也大，要完全割下这些字，就等于活剥皮，无奈作罢，他等待着命运的安排。

刘大的集中营也同样来了台湾特务。当他被过堂提问时，眼睛一亮。他发现站在自己对面的竟然是他在国民党部队时的长官王贺。王贺也认出了他，就把他叫出来单独谈话。给他讲台湾多么好，国民党多么珍惜过去的国军将士，恐吓他如果坚持回大陆，一律要被枪毙。同时告诉他，国民党三年内就要反攻大陆，那时他就可以回家和他的小翠团聚。刘大联想到前些天受到的处分，思想开始松动，表示愿意跟王贺去台湾。第2天，特务们把那些表示愿意去台湾的人，关在了另外一个大房子里。提高了他们的生活待遇，给他们吃肉喝酒，洗澡，换上国民党的新衣裳，还可以在一定范围自由活动。两个月后，他们坐上了大卡车，来到了釜山港，登上了大轮船，被送到了台湾。

刘二，这些死不接受教化，死不愿意去台湾的人，被转移到另外一个集中营，受尽了凌辱。他们等待着命运的安排，苦苦地熬着。然而1953年停战协议达成，战争结束，开始交换战俘了。被关押两年的刘二和他的难友们一起被押上了火车，送往昌图战俘归来管理所。在火车上，他们兴奋地大声唱歌，戴着自己做的解放帽，举着自制的五星红旗回到了祖国。

在战俘归来管理所，他们一个一个又开始接受自己人的甄别和审查。刘二背上和胸前刺字成为他最大的污点，他怎么也解释不清如何被俘，如何在战俘营坚贞不屈的表现。事实上他从来没有叛国，也没有接受过台湾特务的安排。可是他怎么也说不清，别人可以用刀片割肉，而他没有。最后他被组织遣送回原籍，剥夺了复转业军人和伤残军人的一切待遇，带着一条伤残的腿，和一双半聋的耳朵，回到了老家。见到迎接他的母亲和嫂嫂，得知父亲一年前已经去世，三个妹妹也出嫁了，家里只有母亲和嫂嫂带着一位侄儿，艰难地度日。他情绪激动，扑倒在地放声痛哭。嫂嫂告诉他刘大至今杳无音讯，当地民政部门一会儿说阵亡，一会儿又说是失踪。她们始终拿不到烈士证和烈士家属抚恤金。隔壁村王三娃、李虎的家人，都拿到烈士抚恤金了。嫂嫂欲哭无泪，几乎绝望。

时光来到了1958年。由于人所共知的天灾人祸，他的家乡出现大面积饥荒，刘二一直带着屈辱和浑身的伤痛苦撑着这个家。夏天再热也不敢脱衣服，总怕别人看到了他胸前背后的刺字。村里的领导也被内部告知，对刘二要进行监管，怕他是台湾特务。母亲看到大儿子一直没有下落，大儿媳妇一直守寡，就动了心思。想让小翠和二儿子刘二一起过活，因为刘二至今没有娶亲，他眼下条件没有哪个女孩愿意嫁给他。第二年，母亲因饥荒吃了庙里的观音土，不幸身亡，刘二又失亲人，痛不欲生。

岁月的磨难和艰辛，刘二与嫂嫂相依为命，一起过活，相互照顾。他们又生了一儿一女。侄儿黑蛋也在刘二的呵护下，上了初中。时光很快到了1967年，“文化大革命”开始了。学校号召学生们揭批刘少奇和地富反坏右。黑蛋知道刘二身上的刺字，就以为他是反革命。为表达忠心，他揭发了刘二。红卫兵冲到他家，扒光了刘二的衣服。押着他游街，批斗，示众。革命委员会要判处刘二死刑，县武装部的一位干部制止了这种行为。因为他和刘二同时参军，去了朝鲜战场，当时刘二是他的连长，幸运的是他没有被俘，而平安转业回到家乡。就这样刘二幸免一死。在多次运动的折磨中，刘二多次想自杀，可他看到黑蛋的反目，看到小翠哀求的目光，看到两个年幼的孩子，心如刀绞，不知所措。

时光飞逝，“文革”结束了，“四人帮”被粉碎了，所有的魑魅魍魉都已消失，生活回归平静。改革开放成为社会的主流，各地都在招商引资，发展经济。黑蛋早已高中毕业回乡当了民办教师。“文革”期间由于揭发刘二的事，让他们之间产生了隔阂。尤其是他的妈妈小翠怎么也不原谅他，他也很少回他那个破烂不堪的家。

到了80年代中期，台湾开启了老兵回乡探亲的政策。突然一天，刘二接到乡上的通知，要他去县委一趟。刘二不知缘由，非常惶恐，生怕又来运动折磨他。他已经是风烛残年的伤残老人，再也经不起折腾，但是他又不敢不去。

第二天他让老伴儿小翠把他送到了县委的传达室。接待员不知缘由，看着他这样又脏又残疾的老农民，以为是盲流上访人员，不让他进门。他不得不蜷缩在门外的台阶上等候。接待员给里面打了电话，一会儿办公室的人出来，把刘二接进县委的招待所。看着他的一身破絮棉袄，满脸的灰尘，胡子拉碴的，热情地给他端了一盆水，拿来了新衣服，让他洗了换了。刘二从来没有受过这样的待遇，满心惶恐，不知所措。他忐忑地问工作人员，原来是他的大哥刘大在台湾做了大事，回来探亲了。他惊喜地几乎晕了过去，怎么也想不到他的大哥还健在人间。三十多年过去了，杳无音讯，怎么会从台湾回来呢？又一想若果真是他，他是不是回来找小翠的，那他和嫂子小翠的这个家该怎么办呢？刘二满腹狐疑地期待着。

大约一个时辰，县长陪着一个穿西服打领带、头发油光的男人走进餐厅。这男人身边跟着一个三十多岁的妖艳女人。县长满脸堆笑地对那男人介绍，这就是您的小弟刘二。刘二趋上前握着这男人的手，愁在那里说不出话，他怎么也想不到他大哥现在成了这副模样。他保养得这么好，和自己完全不同。六十多岁看上去只有五十出头。近四十年过去了，他完全变了，一点也认不出来了。刘大介绍身边的女人说是他新近在台湾娶的二夫人，前夫人得癌症去世。刘二又一头雾水，不知这前夫人是指小翠，还是小翠之后这女人之前的什么女人。得知大哥已经有了一个或多个女人，肯定不可能回来跟他要小翠了，刘二才放下心。刘大看着眼前这个满脸沧桑、头发脏乱、干瘪木讷的老头，不由得泪水夺眶而出。兄弟俩相拥痛哭，悲怆之声响彻大厅，来宾无不落泪。

晚上刘二回到家，小翠就逼问他今天到底发生了什么事儿？刘二犹豫一会，还是和盘托出大哥回来的消息。这把小翠惊呆了，一屁股坐在地上，手脚抽搐，不省人事。刘二忙掐人中，半晌才缓过神来。小翠拉着刘二的手说，“快叫黑蛋回来，快！快！”又不省人事了。黑蛋匆匆赶来抱住小翠大声喊娘，也无济于事。

黑蛋得知原委，知道他亲爹在台湾做了大事，现在回来了，止住了哭声。丢下娘就要出门到县城找这个未曾谋面的亲爹。刘二把他拦住。说明天他爹就回村来，现在太晚不要去了。一家人围在小翠身边，等待乡里的医生过来。小翠嘴里不停地叫，黑蛋、黑蛋，依然口吐白沫，睁不开眼睛。

第二天，刘大来到原本是他的家。三间小瓦房现在破烂不堪。家里柴火、锅灶、破席、烂被子一片混乱，苍蝇蚊子乱飞。看到小翠躺在床上，依然不省人事。过去他心爱的媳妇，如今成了这副模样，潸然泪下。看到黑蛋这个不曾见面的大儿子，也不知说什么，默默地拉着他的手不停地擦眼泪。过了一会儿，他转身去了父母的坟地。看到山岗上荒草一片，他长跪不起，不停地磕头，又大哭一场。他把多少年的思念、委屈、歉疚、苦难统统抹在眼泪里，哽咽地嘱咐黑蛋一定要给爷爷奶奶重修坟墓。

刘大在家乡一共待了三天，感伤无限。他给弟弟刘二一笔钱，嘱咐一定给小翠治好病。和儿子黑蛋做了一次长谈，进一步了解他的情况和要求。知道儿子最大的愿望就是能转正成为正式编制的公办教师。他给身边的县长说，他可以捐钱给村上盖一所学校，让他的儿子黑蛋当这个学校校长，县长满口答应了。临别前他问弟弟有什么要求时，刘二摇摇头说什么都不要，只是求他给县里说，他没有背叛国家，他背上的字是敌人强行给他刺的。他不反党，不反社会主义。自己相比他那些在战场上死去的战友，多活了几十年，很知足了。

两年后，小翠由于这一刺激，早于刘二离开了人间。他大哥再也没有从台湾回来过，只是偶尔给家里寄一些钱。黑蛋自从认了亲爹以后也很少回刘二的家，似乎刘二这个养父，这个二爸根本不存在。他逢人便说他爸在台湾如何如何。后来，他也去过台湾几次，并从台湾带回一些稀奇古怪的东西，如录音机、太阳镜、电吹风等，在村里神气起来。

再后来几年，政府派人来到刘二的家，给他送来了一张复转军人证书，还有一笔伤残军人抚恤慰问金。可是刘二的眼睛也瞎了，耳朵彻底聋了，瘫在床上几年不能动了，唯有小女儿时常回来照顾。

今年是抗美援朝七十周年纪念的日子，一晃刘二去世已经十五年了。女儿为父亲向政府申请一枚抗战胜利纪念章，很快就批下来。因为父亲前几年被政府重新认定为抗美援朝二级战斗英雄，补发了一笔抚恤金。县里的领导准备给他举办一个隆重的骨灰迁葬仪式，计划把刘二迁入政府管理的烈士陵园里。女儿请人把纪念章镶嵌在父亲的墓碑上，准备把妈妈小翠的遗骸也合葬过来。

仪式开始时，多年不见的大哥黑蛋也赶来了，领着他的妻子和儿女，跪在刘二的墓前假模假样地痛哭流涕，向众人表演他对养父刘二孝敬的样子。

这就是刘大、刘二两兄弟的故事。

（写于2021.5，上海）

6 人生恍如初见(小说)

过了50知天命的年纪，变得多愁善感。回忆过去，成了人生的常态。故人故事，如逝水流星，记载着人世沧桑。青葱少年，情窦初开，有始无终。懵懂情愫，缘起性空，刻骨铭心。回望秋草，展耕夕阳，无限感伤。

上高中时班上来了一位插班女生，名曰小佳。听说是随父母的黄金之部队移防来到本县。文弱娇美，操普通话，着装朴素别样，如天鹅般优雅高贵，鹤立鸡群，让人惊鸿一瞥。羞涩的男同学都用艳羡饥渴的眼神偷看她，收割她的一切信息。她一颦一笑，妩媚动人。高傲的身姿，婉约的目光，梨花带雨，摄人心魄。每一位男同学都向往着接近她。

然而命运眷顾了我。起因是她的同桌得了肝炎，需要隔离到全班的最后一排，防止传染。而那时我正巧坐在最后一排。老师让我和她的同桌互换，自然我就成了她的新同桌。真乃采桑春陌上，踏草夕阳间。想什么来什么，第一次感到了自己的幸运。

80年代山区中学的教室是两个人共享一个课桌。和全班最靓的美眉坐在一起，真有点无所适从。一次写作业时，我的手臂不小心碰到她的胳膊。让我一阵痉挛，有触电般的感觉。而她却丝毫没有怪罪，冲我甜甜地一笑，挪挪自己的胳膊。那个封建的时代，少男少女之间是不讲话的。而我感觉到了她的包容和善良。一种莫名的、从未有过的幸福在心中生长升腾。因为有了她这样一个同桌，到教室上课、写作业是我最快乐的愿望。然而高考越来越近，我们有无数的模拟考试，有无数的疑难杂题需要去解答。每个人都疲于奔命，难有其他的胡思乱想。当时我的学习成绩是全班最好的之一。在共同目标的驱使下，她开始弱弱地向我求教数学题的解答，于是乎我们就开始了语言交流。她是一个极聪明的女孩。每当我给她讲完一道题后，她总是点点头，用深情的目光对我回眸一笑，我立刻浑身发电，莫名地自信和伟岸起来。

一次班集体要收一点班费，用于试卷的印刷和学习材料的购买。她偷偷地替我交了我的杂费。尽管只是很少的钱，可是被自己倾慕的异性同学默默关爱的感觉，如泉水一般在心田流淌，甜美、细腻、幸福。可惜那时我们所有的交流仅限于教室和课堂，没有安排过任何单独的课外约会。

春天来了，东风渐急，桃花盛开。学校安排高三学生到县城20公里外的薛家沟水库搞一次课外活动，要求学生们自行前往。我弱弱地问她是否可以和我一起走，我想骑自行车带着她前往活动地点，她愉快地答应了。第二天我一大早来到了她家门口，她自然地跳上我自行车的后架。一路上，我拼命地蹬踏自行车翻山越岭，风驰电掣，衣服被汗水都湿透了，好像有使不完的劲。我生怕被她看出来自己的无能，拼命地炫耀着自己的勇猛。而她却默默无语地坐在后边，一点也不敢伸手搂着我的腰。经过两个小时的长途奔袭，终于到达了目的地。我用一架老式120相机给她拍了照片。镜框中她打着一把遮阳伞，站在大堤前，笑得那么灿烂，楚楚动人。回城时我直接把她送到了家。她妈妈热情地为我们准备好了晚饭。我小心翼翼地夹着菜，吃着饭，生怕她的妈妈对我印象不好。实际上我已经很饿了，恨不得狼吞虎咽。

很快高考结束了。我第一批被录取到了某著名大学，不得不提早离开家乡，赴北京上学。而那时她还没有收到大学的录取通知书。后来我打听到她去了一所师范学院，就急忙给她写信。由此建立了通信联系。我们鸿雁传书，相互鼓励。我在北京给她买英文小说，鼓励她学习英文。她忐忑地告诫我，给她写信要保密，不要用学校的信封和地址，否则她同宿舍的朋友会误以为写信人是她的男朋友。而我心想，难道不是吗?

她的学校三年制，而我需要读四年，再加研究生就是七年。在我大三的时候，她已经毕业分配到当地的一所农村中学当了教师。由于对未来工作、生活和居住去向不确定，我们一直小心地维持着好同学关系，彼此从来没有爱恋表白。

然而上大学时，我的老师很喜欢我，希望我成为他的女婿，有意撮合我和他女儿的婚事。一天我突然收到小佳的一个包裹，打开一看竟是过去两年中我们的所有通信。拆开附信，心中一片哇凉。她信中说：我们天各一方，未来不会有结果，希望不再来往，并祝我幸福。想必她听到什么传言，我忙回信给她解释，她再无回信。我一封、两封、三封写信给她，如泥牛入海，杳无音信。我开始怀疑我们初始的友谊。内心翻江倒海，痛苦至极，不得不断了联系。

时间过得很快，一晃好多年过去了。我也结了婚，有了自己的孩子。辗转多个城市，更换多个工作岗位，后来又来到了海外生活，走了很多国家。但每每静下来时，总想起她的样子，想知道她的境况，生活得好不好。

一次春节回家乡探亲，碰到了原来高中时的同学，情不自禁地问起了她，方得知那时她的情况。她大学毕业后分配在一个离县城几十公里的农村学校教书。周末她一个人守着一个空荡荡的校园，周围时常有野生动物出没。她吓得不敢出门，一个人躲在房间里瑟瑟发抖。她在这地方工作了好几年，有时同学来看她，给她送点粮食和蔬菜。

再后来，她的一位叔叔帮助她调离了此地。回到了湖南老家武陵源，自此同学们再无她的消息。30年后我从国外回到了上海，四处打探她的消息。感谢互联网的发明，感谢微信的出现，终于让我找到了她的联系方式。我急切又兴奋地拨通了她的电话。电话那一头依然是她熟悉的声音，她从容而淡定地告诉我她过去30年的经历。得知她来到湖南后没有再当教师，去了化工厂当工人，又去了园林局工作，吃了很多苦。她妈妈一直陪伴她，最后嫁给了武陵源当地的一个男人。

我感到特别地歉疚，总以为命中我们有约，是我丢下了她，让她独自面临命运的折磨。没有为她撑起一把大伞，给她挡风避雨。没有用自己男人的伟岸呵护她那颗善良的心。

我急切地想见到她，想看看她30年后的样子。她忐忑地、迟疑地答应了。几个月后我收到了她的电话，说她来昆山出差了，希望与我相见。我急忙驾车来到了昆山火车站，等待这位让我魂牵梦绕的初恋。我躲在候车大厅的一角，期待着她出现的样子。远远地扫视着每一个进出的人，猜想着30多年的时光把她消磨成什么样子。

不一会儿从远处走来了一个芊芊女子，我一眼就认出来是她。只是显得有点疲惫和沧桑，依然那么娟秀和美丽。说话的神态和以前一模一样，只是比小时候更成熟。餐叙中当我提起往事时，她总是回避，用其他的话语岔开。许许多多的话，许许多多的思念，许许多多的猜忌，竟不知从何说起。我不得不“执手相见泪眼，无语凝噎”。短暂相聚，很快她就登车离去，又给我留下了许多许多的遗憾。分别时我忍不住冲上去，给了她一个西方式的拥抱。我多么想亲吻她的脸颊和额头。可始终没有这个勇气。看着她远去的身影，心情非常难过。此后暗下决心，把她深埋心底，再也不要提起，因为我忍受不了这份痛彻心扉的思念。

然而一晃又是10年过去了。夜深人静时，时时又想到了她。小佳你好吗？我不能欺骗自己。急匆匆给她打电话说我要来武陵源看她。她平静地说："我和我的丈夫来机场接你"。走出候机厅，远远看着她伫立在那里，和10年前一模一样。我真想冲上去给她一个拥抱，可还是没有勇气。我怕她身边的先生误会，给她不必要的麻烦。她和她的先生热情地接待了我。午饭后我们去了桃花源。她先生是一个非常知礼知趣的绅士，自己坐在车里等待，把游园的时间留给了我和他的夫人小佳。我们一路走一路聊，回忆着儿时的故事。没想到她的记忆和我的记忆如此重合。

说明我们彼此留下过深刻印象。我多么想牵着她的手，或者要求她挽着我的胳膊在绿荫中行走，可始终没有那样的勇气。出园时见到她的丈夫，我打趣地唱起那首《同桌的你》:“是谁偷偷地借给你半块橡皮？又是谁把你的长发盘起？原来是你！”大家都笑了。

真乃愁客叶舟里，夕阳花水时。

第二天她独自送我去机场。我强烈要求与她拍一张合影。她腼腆地答应了。回程的飞机上，我想起一首诗:“人生若只如初见，何事秋风悲画扇。骊山语罢清宵半，泪雨霖铃终不怨。”

40年的分别和重逢让我难以忘怀。写下点滴文字，以志纪念。衷心愿她健康幸福，永远美丽善良。

（写于2017.5，上海）

7 小说《情定澳洲》简述

刘鹏是我在墨尔本某大学的研究生。我们之间的关系由师生到朋友，再到至交，前前后后经历了十多年的时间。他和瑞士姑娘娜塔莉的异国情缘，跌宕起伏，曲折凄美，可歌可泣，

我有幸见证了全部过程。八年前，我和著名电影艺术家达奇合作，曾计划把他们的故事搬上荧幕，拍摄大型电视片《澳洲情》。开机拍摄过半，辗转许多场景，素材录像几十小时后，制片人（投资方）中途变卦，不得不将整个拍摄计划终止下来，非常可惜！人生就是一份经历，一份体验，一份感慨，谁都无法预料未来。再精心的策划，再勤奋的努力，再良好的愿望，在现实面前都是苍白无力的。

2011年5月29日，刘鹏携夫人、孩子，以及他的岳父、岳母特地从瑞士赶来上海看望我，我特别高兴。多年的分别，短暂的相聚，又让我忆起他们当年的点滴故事。征得他们的同意后，终于决定将这些故事付诸笔端，和读者分享。

小说以在澳留学生刘鹏的生活故事为原型，进行艺术加工。情节涵盖了许多留学生的经历。小说源于生活，但并非真实生活。

小说以主人公的异国情缘为主线，以他们荡气回肠的爱情故事为背景，分析和揭示了两种不同文化背景下的感情纠葛、婚姻矛盾、文化习惯，以及家庭关系的冲突。全面描述一个中国男人在西方国家和一个白人洋妞之间的悲欢离合的故事。

以往表达异国情缘的作品，多数都是中国女人嫁给洋人做太太。而本书探索的是一个中国男人和西方女人的婚姻和家庭，这里面有文化的自信与自卑；有人性和人种的差别；有价值观和生活方式的不同；有儿媳和婆婆的矛盾；有公公和孙儿的“斗争”。试图从人性和文化层面，挖掘异国婚姻成功与失败的深层次原因。

当然小说借助主人公命运的转换，从另一个侧面揭示西方社会如何认识中华文化，如何理解中国人的生活理念和方式。同时穿插介绍东西方不同的人文伦理。介绍不同种族形成的婚姻对其下一代成长的影响。

（写于2008.5，墨尔本）

8 刘鹏的独白

刘鹏醉了，他一个人走在冷冷风中。雪花飘飘，银装素裹，一片洁白的世界，盛景中他寻找着自己爱人的脚印。她走了，走向天涯的远方，没有音信，盼不到归期。什么是海誓山盟，秋月鸿鸣？刘鹏沉醉在回忆之中。一个春风依依、梨花弄雨的季节，他和她美丽的相遇，那1 000多个凄风雪雨的日子，他们一起面对。他们笑过，哭过，累过，在生死的边缘挣扎过，然

而她却不辞而别，她把两个人的戏剧留给他一个人独白。刘鹏在心里呐喊："爱人，你去了哪里？"

听风的私语，听雨的悲泣，你却听不见我的呼唤。明月圆了，思念瘦了，总是在黎明前疲惫地睡去。明媚的阳光，无法调节自己的心情，感觉不到一丝丝的温暖。饮一壶老酒，燃烧胸膛，不去熄灭爱的痕迹。

太久的时日，太久的孤单，内心深处向往着有一天，你能突然出现。不再让我的心，永远浸泡在冰冷的深渊；不再让宽阔的海岸，被狂风巨浪吞噬；不再见浩瀚的辽原，只是大漠孤烟。

你已经走了，留下一个梦，一份永远的思念。什么是爱的语言，什么是相思的哀叹！彼岸花开，山河无恙，爱却渐行渐远。在叶落无眠的夜，抽出一封封曾经灌满爱的信笺，读过了午夜，感动了黎明。

素描菊淡，清香袭婉，依稀看见你遮拙疏影的衣衫。期语无寄，你妥协给了现实，寻找了自己的世界，开始了自己的新生活，而我却依然站在荒漠之中期待，找不到方向。变成一个永远无法继续的残局，你下了一半，不再落子，要我一个人独自面对整个棋局，让所有的美好成为带着悬念的记忆。

时光流淌，曾经的拥有无缘再续。烟雨悠悠，花泥往事，留下多少伤感。来了去了，穿越你的世界，却读不懂你的心思。漫山的杏花浓郁芳香，却留下酸涩的果子和涌动的思念。

爱人，你在哪里？

（写于2019.5，墨尔本）

9 写作心语

一段时间以来，思想深处有一种冲动，想把许多人物和往事，尤其是长期海外漂泊的所见所闻，以及特殊的人生经历写成小说，供人闲暇时消遣娱乐。这就是写《情定澳洲》这部

长篇小说的由来。

写着写着，却有些惶恐了。感叹自己的文学修养、哲学造诣、美学感悟、社会知识都跟不上。原想力求真实，保证每一个故事都有原型，艺术加工成纪实文学。而现在看，有些力不从心，有点事与愿违了。当然事物总有开头，文学创作原本就是一个专业，作家需要天才和修养，需要理性和感性的双重人格，需要长期生活的积淀。一个工程师，要想玩一点文学浪漫，着实有些为难了。

沧海桑田，人的角色总在转变：农民、士兵、工人、作家、学生、老师、医生、干部等等。资料上说，澳洲人平均一生要转换很多种不同的工作。他们的工作跟着生活、兴趣和感受转。而我们是不幸的，工作是我们的一切，我们大多数人，不得不从事某一种工作而终老一生，缺失了许多生活的体验和乐趣。

思绪如飞，感慨万千。心里想说：

不属于自己的浪漫，就像绑在线上的风筝，不管飞多高，总会有跌落的时候；

不属于自己的感情，就像握在手里的沙子，不管握多紧，都会有流逝的风险；

不属于自己的心动，就像上了发条的钟表，不管走多久，终会有停摆的一天；

你以为不可失去的人，原来并非不可失去；

你流干了眼泪，而丝毫阻止不了别人的欢颜。

昨天你伤心欲绝，今天回首，天空一片湛蓝；

情尽时，自有另一番新境界，所有的悲哀也不过是历史！

心里有些许的失落！原来有很多东西完全脱离了你的掌控，于是就有很多很多说不出口。

于是就微笑着让该发生的发生，该消失的消失，该来的来，该去的去，该说的说。

我，将一直坚守在这里！思着，说着，写着。为别人，也为自己……

（写于2009.3，墨尔本）

后记

光阴似箭，转瞬间步入耳顺之年。游读世界，思沉四海。虽经五十多年的冷暖人生，在地球东西两侧，南北两极，沧海桑田之中转换，但胸中依然有颗激荡之火在燃烧。五十几年的生命历程发生了太多的故事。把自己所见所闻、所思所想分享后人，是我一直的愿望，也是时光磨砺生命的价值和意义。

乘斜阳西下之前，在精力尚可、情感正浓之时随性笔书，清理岁月的尘埃，记录人生的轨迹，积淀思想的火花，慢慢地便形成了这部书的底稿。本书内容庞杂：有人文故事、忆文散叙、旅游杂记、情感宣泄，还有一些思考。试图讲述一些不为人知的故事，挖掘一些隐秘的历史，记录一些不同的声音，抒发一个赤子的情怀。

本人曾在海外工作和生活十几年，浪迹世界许多地方，接受过东西方文化的双重教育，从事过很多工作。特殊的经历，让我对眼前这一个纷繁复杂的世界有了自己的体会和看法。真实抒发情感，坦诚面对生活，成为我的人生信念。

科学追求真理和规律，需要刚性回答“正确和谬误”的技术问题。而人文抒发情怀，需要描述“真善美”并排解心里的垃圾。以科学武装头脑，以人文养护心灵，是我的人生目标。

最后，真诚感谢帮助我文字校对、封面设计、出版编辑的朋友和同事。恕我在此不一一提名致谢。由于时间和能力所限，文中难免有错误或失妥之处，请读者见谅。

希望大家喜欢这本随笔。

任　和

（完稿于2022.5.2，上海新冠疫情封闭居家期间）